**Impasses da
democracia no Brasil**

Leonardo Avritzer

Impasses da democracia no Brasil

Edição ampliada

3ª edição

CIVILIZAÇÃO BRASILEIRA
Rio de Janeiro
2016

Copyright © Leonardo Avritzer, 2016

CIP-BRASIL. CATALOGAÇÃO NA FONTE
SINDICATO NACIONAL DOS EDITORES DE LIVROS, RJ

A899i Avritzer, Leonardo
         Impasses da democracia no Brasil / Leonardo Avritzer. –
3ª ed. 3ª ed. – Rio de Janeiro: Civilização Brasileira, 2016.
         23 cm.

         Inclui bibliografia
         ISBN 978-85-2001-272-7

         1. Democracia – Brasil. 2. Brasil – Política e governo.
         3. Brasil – Política social. I. Título.

                                                CDD: 302.14
15-22889   CDU: 316.42

Todos os direitos reservados. É proibido reproduzir, armazenar ou transmitir partes deste livro, através de quaisquer meios, sem prévia autorização por escrito.

Texto revisado segundo o Novo Acordo Ortográfico da Língua Portuguesa.

Direitos exclusivos desta edição adquiridos pela
EDITORA CIVILIZAÇÃO BRASILEIRA
Um selo da EDITORA JOSÉ OLYMPIO LTDA.
Rua Argentina, 171 – Rio de Janeiro, RJ – 20921-380 – Tel.: (21) 2585-2000

Seja um leitor preferencial Record.
Cadastre-se e receba informações sobre nossos lançamentos e nossas promoções.

Atendimento e venda direta ao leitor:
mdireto@record.com.br ou (21) 2585-2002

Impresso no Brasil
2016

Sumário

Introdução   7

1. A democracia e os custos do presidencialismo de coalizão   29
2. Os limites e a segmentação da participação social (1990-2013)   49
3. As manifestações de junho de 2013 e a ruptura do consenso participativo   65
4. A corrupção e a democracia   83
5. A classe média e a democracia   97

Conclusão – A democracia e a saída para o impasse político   109
Posfácio – Dos impasses à crise da democracia   133
Notas   147
Referências bibliográficas   159
Sobre o autor   167

Introdução

O Brasil encontra-se no rol das nações com democracias fortes e consolidadas. Por qualquer critério significativo proposto por teorias que medem o estado da arte da democracia,[1] o país figura em boa posição. Se tomarmos a perspectiva histórica como exemplo, temos a democracia mais forte hoje do que no período 1946-1964, já que desde 1985 não houve qualquer tentativa de intervenção militar na política, tal como ocorreu em 1954, 1956 e 1961. Ao mesmo tempo, se tomarmos como medida o número de transferências de poder, com a posse recente da presidenta Dilma Rousseff para um segundo mandato houve mais transmissões democráticas do poder no período 1985-2015 do que em qualquer outro. Quando adotamos a perspectiva comparada, percebemos que a democracia brasileira passou por menos percalços do que as dos países vizinhos, em especial as da Argentina e do Chile. No caso argentino, diversos presidentes não conseguiram completar seu mandato, como Raúl Alfonsín e Fernando de la Rúa. Já no Chile, a Constituição pinochetista continua em vigor e ainda impõe um regime de eleição que impede sua mudança constitucional.

Se passarmos da ótica procedimental para a perspectiva de resultados, também perceberemos que a democracia brasileira gerou nos últimos trinta anos importantes efeitos. No campo da economia, por exemplo, permitiu que estancasse a hiperinflação, aprovando uma emenda constitucional para reorganizar as finanças públicas[2] e respeitando plenamente as prerrogativas do Poder Judiciário em relação à mudança das posições relativas dos agentes econômicos.

No que diz respeito à condição social da população, o Brasil é um dos países que mais evoluíram no mundo. A pobreza diminuiu significativamente, com aproximadamente 22,5 milhões de pessoas deixando de ser pobres no país entre 2002 e 2012.[3] Mesmo a desigualdade caiu muito, com a renda dos mais pobres crescendo, até 2012, de modo mais acelerado que a renda dos mais ricos. Assim, da mesma maneira que é possível afirmar que a democracia brasileira cumpriu seu papel procedimental, é possível afirmar que sua efetivação se constituiu como um mecanismo positivo de melhoria da qualidade de vida da população.

Todos esses elementos poderiam ser resumidos em um dado maior. O Brasil aparece mais bem situado em rankings sobre a democracia do que em outros. Se tomarmos como base o ranking da revista inglesa *The Economist* em relação à democracia, o Brasil situa-se na trigésima posição, ao passo que em outros rankings, como o do Índice de Desenvolvimento Humano (IDH) ou o da corrupção, ocupa lugares inferiores. Em dezembro de 2014, o jornal *Folha de S.Paulo* publicou pesquisa com dados de apoio à democracia que alcançam a marca de 69%.[4] Podemos afirmar, com isso, que não só a democracia brasileira é exitosa, como também que ela é aprovada pela maioria dos brasileiros.

Apesar de todos esses dados positivos, existe hoje no país uma situação de incômodo em relação à performance da democracia. Esse incômodo se manifestou inicialmente em junho de 2013 e continua até o final de 2015 (quando o original deste livro foi finalizado) e pode ser aferido de diversas maneiras: em 2013 alguns milhões de pessoas foram às ruas protestar contra o sistema político e/ou os serviços públicos.[5] Em 2014, o país se dividiu durante o processo eleitoral e a parte derrotada dos eleitores não se conformou plenamente com o resultado, realizando manifestações inéditas contra a presidenta reeleita, Dilma Rousseff, do Partido dos Trabalhadores (PT). Ao mesmo tempo, o candidato derrotado no segundo turno, Aécio Neves, do Partido da Social Democracia Brasileira (PSDB), entrou com pedido, no Tribunal Superior Eleitoral (TSE), de anulação da diplomação da presidenta, e o ex-presidente Fernando Henrique Cardoso chegou a falar de ilegitimidade do resultado eleitoral; a partir do final de junho de 2015, diversos atores de oposição passaram a mencionar abertamente a possibilidade do impeachment.[6] Em setembro de 2015 foi formalmente entregue ao presidente da Câmara dos Deputados um pedido de impeachment subscrito por um ex-dirigente do PT e encampado por diversos membros dos partidos da oposição, entre eles os democratas e o PSDB. O processo foi aberto em dezembro de 2015.

Temos uma situação que classifico de *impasses da democracia no Brasil*.[7] Por *impasse*, entendo uma crise de crescimento e de evolução da cultura democrática no país. Se, de um lado, todos os indicadores da prática democrática são positivos, de outro parece existir um incômodo em relação à democracia, que não chega a ser um mal-estar e está relacionado a diversos indicadores: aumento das expectativas da população em relação ao governo que não se traduziram em melhor performance[8] ou em piora de indicadores da mídia[9] em relação ao governo, como ocorre em todas as democracias do mundo.[10]

Tal impasse está centrado em cinco elementos: os limites do presidencialismo de coalizão, isto é, a deslegitimação da forma de fazer alianças, característica da democracia brasileira desde 1994; os limites da participação popular na política, que tem crescido desde 1990 e é bem-vista pela população, mas não logra modificar sua relação com a representação; os paradoxos do combate à corrupção, que avança e revela elementos dramáticos da privatização do setor público no país, os quais terminam por deslegitimar ainda mais o sistema político; as consequências da perda de status das camadas médias que passaram a estar mais próximas das camadas populares a partir do reordenamento social provocado pela queda da desigualdade; por fim, o novo papel do Poder Judiciário na política.

Em vista disso, é preciso considerar que a estabilização e o aprofundamento da democracia brasileira exigem que se lide rapidamente com essas questões. Indo ainda mais longe, uma nova direita ou um colapso do projeto de esquerda que governa o Brasil desde 2003 são possíveis, caso esses problemas não sejam resolvidos.

Presidencialismo de coalizão: De fator de estabilidade a produtor de instabilidade

O sistema político vigente no Brasil foi batizado por Sérgio Abranches, em 1988, de "presidencialismo de coalizão" e tem como principal característica eleger o presidente da República com mais votos do que seu partido recebe nas eleições para o Poder Legislativo, criando a necessidade de alianças políticas.[11] Assim, para alcançar maioria no Congresso, imprescindível para a governabilidade, isto é, para a sua capacidade de aprovar suas iniciativas de lei no Congresso, o presidente começa a negociar amplo acordo político ou aliança interpartidária. Essa negociação tem como moeda de troca recursos públicos alocados no orçamento da União ou cargos distribuídos nos ministérios.

Esse sistema pode ser visto sob duas óticas. Cientistas políticos norte-americanos, como Barry Ames, P. R. Kingstone e T. J. Power, argumentam que o sistema político brasileiro é fragmentado e caótico demais.[12] Para eles, a fragmentação, a desorganização, a infidelidade partidária e a indisciplina são fenômenos recorrentes que colocam o sistema político em crise permanente.[13]

Fernando Limongi e Argelina Figueiredo, importantes cientistas políticos brasileiros, mostram o elemento estabilizador desse sistema, capaz de garantir a governabilidade. A porcentagem de ministérios controlados por um partido político no governo Fernando Henrique Cardoso, durante seus dois mandatos, era exatamente igual à porcentagem de votos desse partido nas eleições para o Congresso Nacional. No caso do governo Lula, ao longo dos seus oito anos de governo, as alianças foram ainda maiores. Tanto nos governos do PSDB quanto nos do PT, as amplas coalizões criaram estabilidade, gerando um presidencialismo estável.

É possível concordar com essa afirmação de Limongi e Figueiredo, já que tanto Fernando Henrique quanto Lula e Dilma conseguiram aprovar suas principais propostas no Congresso. No entanto, existem três limites principais instituídos pelo presidencialismo de coalizão que parecem incomodar cada vez mais os cidadãos e a opinião pública do país: os custos crescentes da fragmentação partidária; a desorganização administrativa gerada pela distribuição de cargos no governo; e a propensão à corrupção gerada pela distribuição desses cargos. Permitam-me desenvolver esses pontos.

O sistema político brasileiro é fragmentado em razão do baixo custo de criação de novos partidos e da falta de barreiras à competição eleitoral. Os principais constrangimentos que existem para a criação de partidos no Brasil são de natureza burocrática. A legislação requer certo número de assinaturas, que a experiência tem demonstrado não ser muito difícil conseguir. A partir daí os partidos têm acesso a um conjunto de recursos sancionados publicamente, tal como tempo de propaganda eleitoral no rádio e na televisão. Ou seja, o processo de criação de um partido tem baixo custo de entrada e frequentemente é apenas um negócio cujo ápice é o acesso a cargos no Poder Executivo.

O segundo limite do presidencialismo de coalizão é a maneira como as alianças políticas desorganizam o governo. Historicamente, os parlamentares do Congresso Nacional buscavam nomear pessoas do seu círculo de relações para cargos no Executivo. O que este fez foi tentar isolar do sistema político cargos importantes da administração pública nos períodos em que tal estratégia foi possível. Esse isolamento ou insulamento[14] envolvia a ideia de blindar importantes empresas e bancos públicos das negociações de cargos públicos com o Congresso, o que funcionou bem até a democratização. No entanto, a partir de 1988, sua prática foi rompida, no governo Sarney. Desde 1994, a estabilidade do Executivo depende da nomeação de políticos para ministérios e cargos de segundo escalão.

Quando analisamos a composição dos ministérios de 1994 a 2015, percebemos alguns fenômenos: em primeiro lugar, a profusão de ministros e ministérios. Fernando Henrique Cardoso teve 96 ministros de oito partidos. Lula teve 103 ministros de nove partidos. Dilma Rousseff deve superar as duas marcas. Vale a pena entender a natureza desorganizadora desse excesso de ministros. Ela está ligada, em primeiro lugar, à necessidade de atender as bases parlamentares do governo. Assim, alguns ministros são quase imediatamente desautorizados por sua base, como foi o caso de José Gomes Temporão no Ministério da Saúde de Lula ou de Brizola Neto no caso do Ministério do Trabalho e Emprego de Dilma. Notamos, portanto, que as trocas ocorrem porque os ministros não satisfazem de modo integral a sua base no Congresso ou simplesmente porque outros parlamentares se tornam fortes e querem o cargo. Este é o primeiro limite do presidencialismo de coalizão: a forte desorganização que impõe ao Poder Executivo.

O segundo limite está ligado à profusão de casos de corrupção. É impossível dizer se há mais ou menos corrupção no Brasil hoje do que no período autoritário ou se os governos Lula e Dilma registram maior incidência de corrupção do que os governos Fernando Henrique Cardoso (para uma análise detalhada desse aspecto, conferir Capítulo 4).

A corrupção é um fenômeno secreto, e as evidências sobre ela são indiretas. A maior parte dos índices que medem a corrupção é baseada na percepção sobre sua existência, que é tanto maior quanto mais a corrupção é combatida.[15] No caso do Brasil, o que sabemos é que, valendo-se de um sistema de financiamento de campanhas políticas completamente deficiente, há enorme proliferação de esquemas de caixa dois. Esses esquemas têm sempre as mesmas características: licitações de grandes obras de infraestrutura são realizadas com um grupo restrito de empresas que fazem contribuições para campanhas ou financiam despesas de políticos. Porém, é impossível distinguir, entre essas despesas, aquelas que financiaram o sistema político e aquelas que foram apropriadas individualmente, fenômeno a que se dá o nome de caixa três.

As consequências desse sistema são muito evidentes. O Brasil tem uma das piores infraestruturas entre as principais economias do mundo em desenvolvimento. As estradas brasileiras são piores do que as de países com menos arrecadação tributária na América Latina, como é caso do México, do Chile e até da Argentina. O mesmo acontece em relação a aeroportos e energia elétrica. As obras públicas, de modo geral, não são compostas por custos transparentes e são sempre aditadas, criando despesas adicionais para a economia do país e forçando o governo a construir uma estrutura cara e de qualidade duvidosa.

O maior problema gerado por essa forma ilegal – corrupta – e ineficiente de financiamento político é a perda de legitimidade do sistema político aos olhos da cidadania. Em diversas pesquisas de opinião aplicadas por nós em 2004, 2008 e 2009, que são apresentadas neste livro, a pergunta sobre confiança nos políticos ou no sistema político recebeu sempre respostas negativas, indicando que a confiança neles é muito baixa.[16]

Notou-se também que os escândalos de corrupção divulgados comprometem mais a legitimidade do PT do que a dos demais partidos. Entre os diversos motivos que podem explicar esse fenômeno está o fato de esse partido ter uma proposta de renovação política e uma ligação com movimentos sociais que combatem a corrupção. Assim, para o PT, essa forma não pública e ilegal de financiamento político está em contradição com os outros pilares do seu projeto político, entre os quais cabe destacar a inclusão social e a redução da desigualdade.

Em parte, esse é um dos motivos da perda da capacidade de mobilização do PT, que fez com que um conjunto de movimentos mobilizatórios já não passe pelo partido. Desse modo, a reinvenção do político e a reforma do sistema político tornam-se urgentes para que possa haver a continuidade de um projeto de esquerda no Brasil, que, principalmente depois de junho de 2013, está em uma relação de tensão bastante clara com o presidencialismo de coalizão.

A mudança no padrão de participação social

A democracia brasileira é identificada no mundo inteiro pela marcante presença de movimentos e de atores sociais, que gerou uma forma *sui generis* de participação institucionalizada. O padrão de mobilização e de participação social no Brasil tem sua origem durante a democratização (1985-1988). Nesse período ocorreram três fenômenos importantes. O primeiro foi a derrota histórica da direita brasileira e a interdição da participação social, integrante de todos os projetos autoritários de poder no país (conferir Capítulo 2). Rompida a interdição, um projeto participativo, com duas dimensões integradas e complementares, veio à tona, envolvendo a perspectiva da mobilização social surgida pela primeira vez na campanha das Diretas Já, em 1984, e manifestada em outras oportunidades, como na campanha pelo *impeachment* do ex-presidente Collor e nas manifestações de junho de 2013.

O segundo elemento desse projeto participativo foi o que mais se desenvolveu no Brasil democrático: a participação institucionalizada. Esse formato emergiu com a promulgação da Constituição de 1988 e com as legislações infraconstitucionais que lhe seguiram. A Assembleia Nacional Constituinte brasileira adquiriu importância devido a sua orientação participativa. Alguns entre os mais importantes movimentos da sociedade civil (saúde e reforma urbana) e outros atores sociais relevantes (Central Única de Trabalhadores – CUT – ou o Movimento dos Trabalhadores Rurais Sem Terra – MST) se juntaram à campanha para a aprovação de emendas populares.[17] Este foi o primeiro momento do processo de aprofundamento democrático que criou instituições participativas nas áreas de saúde, planejamento urbano, meio ambiente e assistência social, entre outras. Ao final, a Constituinte gerou uma institucionalidade participativa que levou à criação de mais de vinte mil conselhos no Brasil.

Os anos 1990 acabam se tornando um momento da explosão da participação social no país, no nível local, nas áreas de saúde e políticas urbanas que desencadearam formas intensas de participação. Olívio Dutra foi eleito prefeito de Porto Alegre em 1988 e inaugurou em sua gestão o orçamento participativo (OP), que se estendeu para 201 cidades.[18] Ao mesmo tempo, conselhos de políticas de saúde, assistência social e criança e adolescente foram criados na maior parte dos municípios.[19] A partir de 2003 surgiram as conferências nacionais no plano federal.[20] Nesse período ocorreram mais de 101 conferências nacionais, com mais de seis milhões de participantes.

Assim, é possível afirmar que o projeto político que tinha dois grandes componentes relativamente integrados entre si (a mobilização e a participação institucionalizada) passou a ter apenas um, a forma institucionalizada da participação, ainda que inicialmente tenha sido altamente exitosa. Essa estrutura foi implantada inicialmente em algumas cidades como Porto Alegre, Belo Horizonte e São Paulo[21] e de lá se expandiu para as principais cidades com mais de cem mil habitantes das regiões Sul e Sudeste. Sua efetivação explica o sucesso de algumas políticas sociais[22] e está presente nas significativas modificações nas políticas sociais realizadas pelo governo federal desde 2003.[23] Mas também gerou alguns limites que estão perceptíveis desde junho de 2013 (conferir Capítulo 3).

O primeiro desses limites consiste na seletividade de políticas e de atores nas administrações participativas no Brasil, que gera forte desequilíbrio entre áreas com profunda institucionalização da participação – como saúde, assistência social, segurança alimentar e criança e adolescente – e a área de infraestrutura.[24] Já nas primeiras conferências nacionais foi possível notar que certas áreas de políticas sociais – a de políticas para a mulher, cultura e direitos humanos, por exemplo, conseguiram maior mobilização que as áreas tradicionais de participação. Mas tal mobilização não se expressou efetivamente nas políticas do governo federal[25] e, de forma ainda mais grave, alguns atores (principalmente a juventude e a área de mobilidade urbana) acabaram completamente sub-representados na estrutura institucionalizada de participação do governo. Há um conjunto de áreas de políticas públicas pouco representadas nas formas de participação, por exemplo a área de infraestrutura, de mobilidade urbana e de transporte, que constitui um ponto de conflito entre a população, o setor privado e o governo.

Ainda é cedo para estabelecer qual foi o significado das manifestações de junho de 2013. No entanto, sua realização teve três significados principais, dois deles seguramente questionadores do modelo de participação institucionalizada existente no Brasil. O primeiro foi o restabelecimento de uma dinâmica de separação entre mobilizações não institucionais e as institucionais. Esse elemento que caracterizou o primeiro momento da mobilização social no Brasil foi deixado de lado a partir de 2003 e voltou à tona com muita força em 2013. A principal demanda de maior participação ignorou completamente a participação institucionalizada, tal como será mostrado no Capítulo 3.

O segundo elemento foi a ruptura do monopólio da esquerda em relação à participação. É possível afirmar que, desde a campanha das Diretas Já em 1984 e o consequente fim da interdição a manifestações públicas imposta pelo autoritarismo, a mobilização popular no Brasil ficou restrita ao campo da esquerda e dos movimentos sociais. Foram estes os grupos que se reuniram durante a campanha pelo impeachment de Collor em 1992 e durante a campanha eleitoral do PT em 1989. Foram estes também que constituíram a base da participação institucionalizada em experiências exemplares, tais como o OP de Porto Alegre e São Paulo.[26] As primeiras fissuras no monopólio desse grupo sobre a participação social ocorreram durante o segundo mandato do presidente Lula, com protestos na área de meio ambiente, ligados à transposição das águas do rio São Francisco e à construção de usinas hidroelétricas na Baixa Amazônia (conferir Capítulo 2). Essas fissuras se acentuaram no governo Dilma na área de meio ambiente e avançaram para outras, como política indígena e políticas urbanas.

As manifestações de junho de 2013 expressam o fim desse monopólio sobre a participação popular que durou quase trinta anos. Elas foram convocadas inicialmente pelo Movimento Passe Livre, de esquerda, mas rapidamente romperam os limites do grupo e alcançaram a população e a opinião pública, pluralizando e estendendo a pauta dos movimentos sociais para questões como segurança pública, qualidade dos serviços públicos, reforma política e combate à corrupção, tal como mostraremos no Capítulo 3. Por outro lado, a pluralidade da participação gerou também um segundo fenômeno que ficou bastante evidente em 2014: a volta dos setores conservadores às ruas, pela primeira vez, desde 1964. Ainda não está claro qual o fôlego dessas manifestações, mas percebemos a nova influência de uma classe média conservadora com capacidade de mobilização na política brasileira.

Todas essas questões impõem o redesenho da mobilização social no Brasil, que precisa estar mais bem articulada com uma reforma política que amplie o papel do engajamento da sociedade no sistema político como um todo e com um projeto de ampliar a participação social, especialmente na área de infraestrutura e na de combate à corrupção. Esses são os dois pontos vulneráveis da participação social que a tornam duplamente marginalizada: o isolamento, de um lado, no campo do sistema político, e, de outro, na gestão, com a maior parte das decisões na área de infraestrutura prescindindo de qualquer engajamento da sociedade. Ambas as formas de isolamento comprometem a legitimidade da participação popular e não permitem novas agendas buscadas pelos atores sociais e cidadãos que não estão imediatamente incorporados na mobilização institucionalizada.

Corrupção e infraestrutura: A renovação da agenda política

O combate à corrupção é parte integrante da agenda de democratização do país formada trinta anos atrás. Ainda que não seja possível apurar o nível de corrupção do regime autoritário, é sabido que os principais padrões de corrupção – obras combinadas com grandes empreiteiras, desvios de valores substanciais em grandes obras públicas – foram estabelecidos nesse período.[27]

Durante a democratização, começou a se estabelecer uma importante agenda anticorrupção, cujo momento principal foi o impeachment do ex-presidente Collor. Naquele momento, novos modelos de apropriação de recursos públicos se juntaram aos já conhecidos. Um padrão surgido nessa ocasião e que vem se mantendo é o da corrupção ligada ao financiamento de campanhas políticas. Todos os principais governos no Brasil, de FHC[28] a Lula e Dilma, sofreram acusações a esse respeito.

Desde 2003, os governos do PT fizeram duas grandes contribuições ao combate à corrupção: a primeira delas foi a expansão da Controladoria-Geral da União (CGU). Criado ainda em 2002, o órgão teve suas atribuições ampliadas ao mesmo tempo que se implementava uma concepção de controle público muito mais correta, na qual os contratos e as ações em andamento passaram a ser fiscalizados – antes de serem executados ou durante sua execução. Ainda assim, existe uma desproporção muito grande entre um excesso de regras administrativas e pouca punição criminal da corrupção no Brasil.[29]

A segunda grande inovação do governo foi a que levou às operações da Polícia Federal (PF), introduzidas pelo ex-ministro Márcio Thomaz Bastos no início do governo Lula. De 2003 a 2009, o número de operações da Polícia Federal passou de 15 para 288, totalizando mais de mil até o início de 2015. Trata-se de ações integradas dessa instituição com o Ministério Público (MP) e a Receita Federal, entre outros órgãos públicos, que agem com base em graves indícios de atividades ilícitas, apreendendo recursos e executando mandados de prisão dos suspeitos.[30] Essas operações são importantíssimas para coibir o principal problema relativo à impunidade no Brasil, que é uma visão inadequada da evidência criminal ligada ao flagrante e que impossibilitava a punição dos crimes de colarinho branco e corrupção.

No entanto, seria contar metade da história não observar que, junto ao crescimento da investigação e da punição dos crimes de corrupção foram encontrados sérios indícios do envolvimento de políticos ligados ao governo e ao PT nesses crimes. Certamente, não são todos ligados ao governo; pelo contrário. Mas a incidência de casos de corrupção ligados a membros do PT – em particular, deputados com origem no estado de São Paulo – causa incômodo e compromete profundamente a imagem de um projeto político-democrático de esquerda.

Esse processo de alguma maneira já é identificado pela opinião pública, e não por acaso o desempenho eleitoral do PT em São Paulo nas eleições de 2014 foi drasticamente afetado. O Partido dos Trabalhadores registrou nesse estado sua pior performance desde 2002; não contou com deputados entre os vinte primeiros eleitos, além de ter a sua bancada de deputados federais reduzida em cinco membros. Está evidente que existe um problema político relacionado a esquemas de corrupção pontualmente apropriados por parlamentares do PT, independentemente do esforço institucional do governo para melhorar o arcabouço da luta anticorrupção. Esse problema atinge principalmente a área de infraestrutura, que é a mais vulnerável à corrupção, justamente pela falta de participação social e de controle público.

Desse modo, apontamos aqui um terceiro problema em relação ao modelo de democracia e sistema político vigente no Brasil desde

INTRODUÇÃO

1985. Esse modelo não foi capaz de combater a corrupção, porque focos de desvios de recursos que fazem parte das estruturas históricas do Estado são apropriados pelos grupos políticos no poder. Somente assim podemos entender loteamentos de longo prazo de ministérios ligados à infraestrutura, como é o caso do Ministério dos Transportes, gerido pelo PMDB e pelo PR, tanto no governo FHC quanto nos governos Lula e Dilma. Da mesma forma é possível entender a reapropriação de esquemas de corrupção na Petrobras pelos governos FHC, Lula e Dilma até 2011. Na verdade, esquemas históricos de corrupção, que fazem parte da gestão do Estado brasileiro desde sempre, são reatualizados e inseridos em novos esquemas de financiamento do sistema político. Isso torna o aumento do combate à corrupção inócuo ou pelo menos parcial. Na mesma esteira, a democratização e a ampliação da área de infraestrutura se mostram pouco eficientes.

A questão, no entanto, que passou a se colocar a partir de junho de 2013 é a de um aprofundamento da crise de legitimidade ligada aos custos de não punir devidamente os casos de corrupção. Os dados da pesquisa Ibope, que ouviu manifestantes de junho de 2013, informam que 29,9% deles participaram dos eventos em virtude do ambiente político e 24,2% afirmam que a corrupção era a principal causa de terem protestado.[31] Assim, vemos uma concatenação de duas agendas na questão do combate à corrupção: de um lado, a continuidade da corrupção, em especial, vulnerabilizando o governo e seu apoio no sistema político; de outro, a redução da legitimidade, além do apoio do governo e do PT entre setores da classe média, como ficou claro nas eleições de 2014 e nas manifestações públicas de março e abril de 2015.

Assim, a necessidade de dar um passo à frente na supressão da corrupção tornou-se decisiva e urgente para o projeto de poder hegemônico no país entre 2003 e 2014. Mas o que temos visto é que a incapacidade de ser coerente no combate à corrupção, aliada com a ruptura do monopólio da participação social, criou um polo alternativo de mobilização dos setores conservadores junto à classe média, que neste momento desestabiliza o projeto de um governo de esquerda no Brasil. Vale a pena pensar como as classes médias, velhas e novas, localizam-se nesse projeto.

Distribuição de renda, classe média e mobilização social

O polo mais recente das mudanças nos últimos anos está ligado às políticas distributivas. Mais uma vez, essas políticas têm origem durante o processo de democratização, entre 1985-1988, quando ficou patente a péssima distribuição de renda e, principalmente, a baixíssima universalização do acesso a direitos como saúde, educação e políticas de assistência social. Até 1988 o acesso à saúde não era possível a todos; a educação só era assegurada por lei nos quatro primeiros anos do ensino fundamental, e o Brasil estava entre os cinco piores países da América Latina em performance na área de educação. A assistência social existia como auxílio pontual aos pobres, e não como direito reconhecido pelo Estado.

Em todas essas áreas ocorreram intensas transformações a partir da Constituição de 1988, que estabeleceu novo arranjo das políticas sociais no Brasil, a começar pela universalização da saúde, pela transformação da assistência social em direito e pela abertura de incentivos para processos de participação social. Todos esses programas sociais conjuntamente são responsáveis por uma diferenciação do Brasil em relação aos nossos congêneres sul-americanos e pelo fato de parte da dívida social brasileira ter sido paga nos últimos anos.

Essas políticas, somadas às de transferência de renda e aos aumentos reais do salário mínimo, foram responsáveis pela queda da pobreza e da desigualdade.[32] Desde 2002, tem diminuído o contingente de pobres no Brasil, comumente denominado de classe E. Entre 2002 e 2008, a classe E decresceu 12 pontos, passando de 30% para pouco mais de 18% da população. Ao mesmo tempo, a parcela de classe média definida a partir da renda *per capita* familiar entre R$ 300 e R$ 1.000[33] mostra que a maior parcela da população brasileira se situa na assim chamada classe média desde a segunda metade da década passada.

Independentemente das diferentes discussões sobre a classe média,[34] o que interessa para a discussão proposta neste livro é como essas mudanças foram percebidas pelos diferentes estratos da população e de que modo esses setores estão se organizando a partir dessa

INTRODUÇÃO

ampla reorientação da composição social do país. O Brasil teve ao longo do século XX uma classe média atípica, forte consumidora de serviços relacionados ao trabalho e de serviços privados na área de saúde e educação, muito diferente da classe média europeia e americana, como explicaremos melhor no Capítulo 5.

As transformações que mencionamos anteriormente, ocorridas a partir de 2003, criaram uma classe média mais similar ao padrão internacional, com capacidade de consumo, mas pouca condição de contratar serviços privados. Por outro lado, a classe média tradicional, também chamada de média/alta, foi afetada pela instituição de políticas públicas que reduziram a desigualdade e levaram à mobilidade no mercado de trabalho. Como é forte consumidora de serviços domésticos, foi afetada pelas mudanças no mercado de trabalho desses serviços. A inflação do setor de serviços subiu mais de 104% entre 2004 e 2014 e atingiu especialmente a classe média. Ao mesmo tempo, o aumento vertiginoso dos preços dos alimentos também provocou um estrago no orçamento. Mas a grande mudança que atingiu a classe média tradicional no Brasil foi uma adequação de status. Ao mesmo tempo que se vê pressionada pelo aumento dos preços no setor de serviços, está cada vez mais distante da chamada classe alta, que manteve seu padrão de consumo, e se aproxima da nova classe média, forte consumidora dos serviços públicos de saúde e educação.

Essas transformações se articulam com a crise do presidencialismo de coalizão, os limites da participação e o combate aos desvios éticos da seguinte maneira: os setores insatisfeitos de classe média são sensíveis a um discurso que articula a gestão petista e as políticas de inclusão ao aumento da corrupção e à deslegitimação do sistema político. Dessa maneira, uma proposta de desenvolvimento da democracia e de aumento da inclusão social que tem sido exitosa desde 2003 ou até mesmo desde 1988 encontra o seu limite político na incapacidade de ampliar a participação popular e gerar um combate eficiente à corrupção.

Esse limite político colocou a classe média tradicional contra o governo e contra o sistema político nos últimos dois anos. Refiro-me ao número de pessoas que se manifestaram em 2013 e, segundo o Ibope, têm entre 14 e 29 anos (63%), curso superior completo (43%) e renda entre dois e dez salários mínimos.[35] Refiro-me também àquelas pessoas que na pesquisa Ibope de dezembro de 2014 afirmaram não estarem nada satisfeitas com a democracia brasileira. Apesar de serem apenas 22% dos entrevistados, somam 32% na região Sudeste e estão mais fortemente representadas entre os que ganham mais de dez salários mínimos, têm alta escolaridade e são jovens. Ou seja, o setor mais insatisfeito com a democracia brasileira é o dos jovens de classe média alta da região Sudeste com alta escolaridade. Refiro-me, por fim, aos manifestantes de março de 2015 na cidade de São Paulo que expressaram o mesmo perfil.

Outros setores de classe média também estão entre os insatisfeitos nessa região. Este constitui o limite fundamental para o aprofundamento da democracia brasileira hoje: a crítica e/ou desilusão com um projeto de esquerda está se transformando em uma crítica à democracia e a um projeto político de inclusão social. A única forma de reverter o quadro é diagnosticar tal crise e superar os pontos vulneráveis. Para tanto, vale a pena começar por criticar os diagnósticos disponíveis, que parecem equivocados.

Entendendo os impasses da democracia brasileira

A democracia brasileira vive um impasse de crescimento no qual o sucesso de algumas políticas, como a da inclusão social, aliado a problemas em outras áreas como a do controle da corrupção e da participação popular, gerou uma base social que questiona os avanços conquistados. Essa base social, uma classe média educada e de alta renda, mas incomodada com a inclusão social e com os casos de corrupção, pode, eventualmente, gerar impasses em todo o projeto democrático e de inclusão social.

Dois autores publicaram análises recentes sobre os eventos que pautaram a democracia brasileira nestes últimos dois anos.[36] Paulo

Arantes, em livro bastante erudito e muito bem informado, diagnostica os problemas da democracia brasileira como situados na tensão entre capitalismo e democracia. Para ele, as políticas de participação são, na verdade, formas de cooptação que seguem uma lógica de enfrentamento de classes assumida como verdade *ad hoc*.

> Foi preciso muitos mandatos, ONGs, gabinetes, administrações, universidades e, sobretudo, muito empenho sincero de trabalhadores sociais envolvidos na elaboração e aplicação das mais diversas políticas públicas para canalizar as lutas populares – como o nome indica, canalizar como se retifica um rio turbulento; esta onda participativo-governativa acabou orientando a ação direta de desobediência civil (...) na direção da prática responsável de quem faz estatutos e participa de conselhos. Ao nos despedirmos da Cidadania Insurgente seria o caso de dizer que, ao encerrar o seu ciclo, ela seria suplantada por um regime novo de cidadania regulada para o qual não temos nome, quem sabe totalmente administrada.[37]

Vale a pena destrinchar alguns elementos do trecho citado para entender a análise sobre a democracia e a cidadania que introduz. Em primeiro lugar, cabe aqui uma teoria dos movimentos que é primitiva em relação à teoria dos movimentos sociais. Segundo ela, todos os movimentos são progressistas, todas as ações coletivas são do mesmo tipo e envolvem uma ruptura com o direito.[38] Assim, de acordo com Arantes, a própria pacificação das favelas via Unidades de Polícia Pacificadoras (UPPs), por exemplo, "é uma doutrina contrainsurgente da pacificação". Há aqui um tipo de teoria crítica da participação que considera a ideia da participação institucionalizada uma forma indesejada de pacificação do espaço social.[39]

Ao mesmo tempo, para Arantes, todas as ações do Estado constituem formas de burocratização e dominação da ação social autônoma. Ou seja, o autor inverte a leitura da democratização brasileira. Nela, tal como mostrado em todas as seções desta introdução, há uma enorme "insurgência", para utilizar o termo de Arantes e Holston, causada, na minha opinião, por uma falta generalizada de canais de participação e inclusão social. O êxito da democratização brasileira, na concepção de diversos cientistas políticos,[40] reside fundamentalmente na capacidade que as instituições democráticas tiveram de gerar políticas sociais que permitissem a inclusão da população de baixa renda.

Nesse sentido, não há demérito algum naquilo que os assistentes sociais ou os implementadores de políticas públicas fizeram, ou seja, integraram a população em suas políticas públicas. No entanto, Arantes parece achar que as favelas do Rio eram melhores antes das UPPs ou que o momento ideal em São Paulo foi quando o movimento dos sem teto não conseguia ter acesso a moradia nem existiam limites à especulação urbana nos planos diretores. Cada uma dessas ações é vista como parte do processo de criação da sociedade completamente administrada.[41]

A análise de Arantes sobre pacificação das favelas no Rio completa-se com uma crítica à ideia de cidadania. Para o autor, existem duas formas de cidadania, a insurgente e a regulada. A cidadania é em sua origem uma maneira de mostrar que não existe apenas o mundo do trabalho na sociedade capitalista, mas uma concepção de direitos ligados ao pertencimento ao Estado nacional.[42] Quando lutam por direitos, os indivíduos se insurgem ou se rebelam, o que para o autor parece ser a mesma coisa.[43] Assim as manifestações de junho de 2013 são analisadas por ele em um *continuum* que envolve desde a paralisação geral ocorrida em São Paulo em 1917 até outras formas de rebelião.

Para o autor, "é como se um sentimento atávico de insurgência fosse reativado no calor de um confronto cujas raízes (...) se perdem nos primórdios da urbanização capitalista".[44] Assim, há um conflito indissolúvel entre capitalismo, cidade e democracia, e as formas de gerar cidadania são apenas meios de cooptação ou regulamentação. Cabe aqui também um comentário ao uso da noção de cidadania regulada por Arantes. O termo, já clássico na ciência política brasileira desde a sua proposição por Wanderley Guilherme dos Santos, está relacionado não à questão de o direito regular a cidadania,[45] algo que ele sempre faz. Santos chamou a atenção para o fato de a cidadania no Brasil ter um Estado que regulou hierarquizando as diferentes profissões e deixando importantes grupos sociais, como os trabalhadores rurais, sem proteção social por um longo tempo. Nesse sentido, nada existe de errado com a regulação legal da cidadania, desde que seja produtora de inclusão social e igualdade política.

A visão de Arantes sobre a democracia brasileira e as manifestações de junho de 2013 tem problemas. Para ele, o lado positivo dessa mobilização popular é a retomada de uma tradição de insurgência ligada às injustiças urbanas produzidas pelo capitalismo. Os méritos da democracia brasileira mencionados anteriormente, tal como a ampliação da participação ou da confiança na democracia, são convertidos em dificuldades, já que o fim último do regime democrático é criar condições para uma rebelião popular contra as injustiças causadas pelo capitalismo.

Já no que diz respeito aos problemas dos limites do presidencialismo de coalizão e da representação, por definição, eles são decorrentes da contrarrevolução capitalista, que tende a querer governar e administrar qualquer coisa governável, a começar pela força de trabalho.[46] Ou seja, Arantes opera no campo da fé política e sua análise não nos ajuda muito se o nosso pressuposto é de que a democracia pode solucionar, através da soberania popular, os problemas apontados anteriormente.

Por sua vez, Marcos Nobre realiza uma análise que desce aos detalhes dos problemas específicos da ordem democrática construída no Brasil nos últimos trinta anos. Ele discute não a política ou a economia especificamente, mas o que denomina de padrão de regulação mais amplo, que norteia a vida social e se expressa em uma cultura política determinada.[47] Sua ideia é de que há um descompasso entre certo padrão de inclusão cidadã e o que ele chama de peemedebismo. Peemedebismo é "estar no governo, seja qual for o governo e seja qual for o partido a que se pertença, como parte de um condomínio de poder organizado sob a forma de um superbloco parlamentar". Ainda segundo o autor, "a depender do espaço que conseguir conquistar dentro da máquina partidária a partir do capital eleitoral inicial de que partiu, o grupo organizado ganha a prerrogativa de vetar iniciativas que entenda lhe serem contrárias".[48] Depreendemos que o peemedebismo é uma aliança hegemônica para defesa de interesses associada a um sistema seletivo de vetos.

A análise destaca algo importante sobre a política brasileira – porque, de fato, desde 1994, o Brasil é governado por supermaiorias – mas padece de um primeiro e principal problema: o autor não é capaz de integrar à sua teoria acerca do peemedebismo as fortes mudanças que o país passou desde 1988. A estabilização da moeda, a universalização do acesso à saúde e assistência social, a aprovação do Estatuto da Cidade com a agenda de estabelecer regras para a especulação de terras urbanas, a introdução do Sistema Único da Assistência Social, o SUAS, e a ampliação da proteção social são políticas importantíssimas que o modelo de Nobre não é capaz de explicar. O autor parece operar com um padrão de dessubjetivação das mudanças ou dos elementos positivos gerados pelo sistema político brasileiro. Assim, ao mesmo tempo que atribui ao peemedebismo a responsabilidade pelos vetos a políticas importantes, ou ao centrão a responsabilidade por políticas conservadoras durante a Constituinte, ele localiza em um conceito abstrato de sociedade as mudanças na Constituinte e no Legislativo que geraram uma agenda positiva que chama de social-desenvolvimentista.

O problema mais sério da análise de Nobre não é a identificação de uma ampla coalizão como ponto de veto às mudanças estabelecido pelo sistema político, mas a redução a esse conceito de todas as ações dos governos no Brasil desde o fim do regime autoritário. Na verdade, os três poderes, Executivo, Legislativo e Judiciário, operam em lógicas mais plurais e diferenciadas, tendo capacidade tanto de se opor a essa ampla coalizão quanto de controlá-la, como é possível perceber em legislações importantes como a Desvinculação de Receitas da União (DRU), a Lei de Responsabilidade Fiscal, a criação do Sistema Único de Assistência Social (SUAS) e do Sistema Nacional de Segurança Alimentar (Sisan), ou a decisão sobre fidelidade partidária tomada pelo Supremo Tribunal Federal (STF), para ficar em algumas. Assim, a solução para o problema é desnaturalizar essa ampla coalizão, tornando o sistema político mais ativo e capaz de produzir mudanças.

INTRODUÇÃO

Com base no diagnóstico do peemedebismo, Nobre aborda as manifestações de junho de 2013 num *continuum* que vai da democratização ao impeachment de Collor até 2013. Para ele, as manifestações constituíram um rombo na blindagem peemedebista e a questão fundamental é uma revolta contra o sistema político: "ao gritar e escrever não me representa quem se manifesta não quer apenas que o sistema político mude o seu modo de funcionamento: pretende mudar o jeito como a representação política é exercida".[49] Assim, Nobre fecha integralmente o círculo ao considerar que o problema central da política brasileira é o peemedebismo, que consegue travar no sistema político os anseios de mudança que vêm da sociedade.

Minha crítica à análise de Nobre é mais de calibragem do que de embocadura conceitual. Ele explica melhor os entraves à democracia no Brasil do que os seus sucessos, que sempre são dessubjetivizados e entendidos como concessão ao peemedebismo,[50] em vez de serem compreendidos como parte de projetos políticos hegemônicos que conseguiram diversas vezes impor novos rumos à política brasileira.

Adoto outra perspectiva, a de que a democracia no Brasil funcionou bem, seja na sua capacidade de produzir decisões, seja na sua capacidade de ampliar a inclusão social. No entanto, alcançou seu limite em razão do presidencialismo de coalizão e do ineficiente combate à corrupção. Ambos estão relacionados, mas não são a mesma coisa. No que diz respeito ao presidencialismo de coalizão, os limites são três: o aumento do custo da formação da coalizão e a crescente desorganização do Executivo; a perda de legitimidade do sistema político como um todo; e os custos crescentes de gerir esse presidencialismo de coalizão que estão caindo no colo do PT.

No que diz respeito ao combate à corrupção, as ações e os resultados são contraditórios. Diversas ações com bons resultados no campo da corrupção foram realizadas nos últimos dez anos, e são reconhecidas pela população, que considera que o combate a esse tipo de crime aumentou. No entanto, a mesma população que tem essa percepção considera também que a incidência da corrupção aumentou e não consegue diferenciar quem são os seus sujeitos devido à forte manipulação midiática a respeito do tema. Em razão disso, é necessário deixar claro que a corrupção incide de forma igual no sistema político, em especial nos três principais partidos.

No que diz respeito à participação popular, a questão é como torná-la mais efetiva, mais plural e mais integrada ao sistema político existente. A participação constitui um dos grandes êxitos da democratização brasileira. Para torná-la mais efetiva, no entanto, é necessário quebrar o seu isolamento em algumas áreas do governo federal, em especial a de infraestrutura, e estabelecer um programa de democratização e de controle público nesta última. Esse programa não deve estar dissociado do combate à corrupção. Para torná-lo mais integrado ao sistema político, é necessário articular melhor participação e representação popular e utilizá-lo nas arenas mais relevantes das políticas públicas. Descreverei os principais elementos desse processo no Capítulo 2.

Por fim, cabe discutir a questão das mobilizações sociais e da base social para uma política progressista ou conservadora, aspecto principal que parece estar na agenda política brasileira desde 2013. No Capítulo 3, as manifestações de junho de 2013 são analisadas com base na ideia da desinterdição da mobilização social. Há tanto elementos progressistas quanto conservadores nas mobilizações por que passa o Brasil atualmente.

Além disso, é preciso recuperar a base social do progressivismo, que inclui a classe média da região Sudeste – neste momento insatisfeita com os rumos do governo e/ou com uma redefinição do seu papel na estrutura social. Sem recolocar a classe média no centro de uma política progressista no país, não será possível superar os impasses da nossa democracia, que eventualmente poderão até mesmo se tornar uma crise. Para evitar que isso ocorra e continuar uma trajetória que é satisfatória, é necessário aprofundar os eixos exitosos da participação popular e do combate à corrupção, tornando o Brasil uma democracia mais participativa, mais transparente e capaz de continuar o longo processo de inclusão social derivado da nossa democratização.

1. A democracia e os custos do presidencialismo de coalizão

O presidencialismo de coalizão pode ser entendido de duas formas: como solução institucional para um problema político específico, a saber, uma configuração da relação entre eleições presidenciais e representação proporcional no Congresso, na qual o presidente não alcança a maioria na Casa;[51] ou como maneira de realizar amplas coalizões que despolitizam uma agenda progressista da política no Brasil.[52] Em uma situação, o presidencialismo de coalizão pode gerar governabilidade, enquanto na outra, cria problemas para a sua manutenção. Neste livro irei defender uma posição intermediária e mostrar que o presidencialismo de coalizão é importante para a governabilidade no Brasil, mas recentemente se tornou um problema para ela, assim como para a efetivação de uma agenda política progressista.

São duas as origens do presidencialismo de coalizão que permitem análises diferentes: a primeira envolve a relação entre o regime autoritário e o sistema político brasileiro. O Brasil experimentou, entre 1964 e 1985, um sistema autoritário semilegal que permitiu o funcionamento do Congresso. O desafio do regime autoritário era ser competitivo e ganhar eleições, o que ocorreu até 1974. A partir daí, à medida que passou a ser derrotado nas eleições para o Congresso, o regime autoritário realizou diversas mudanças nas regras eleitorais visando manter a sua maioria na Casa.

Ao mesmo tempo, a oposição, liderada pelo então Movimento Democrático Brasileiro (MDB), incorporou lógica semelhante em seu funcionamento político, buscando tanto atrair políticos conhecidos como clientelistas ou fisiológicos para as suas fileiras quanto constituir maioria no Congresso.[53] Diferentemente do que se esperava, a Constituição Federal de 1988 não modificou tais regras do sistema político, entre as quais valeria a pena mencionar: a desproporcionalidade das representações estaduais, o aumento do número de membros do Congresso Nacional e a forte implantação de critérios políticos na divisão de recursos do orçamento da União.[54]

Todos esses elementos levaram a uma lógica de financiamento do sistema político com recursos públicos que não foi desfeita pela Constituição de 1988. Esta é a primeira conexão que poderia nos levar simplesmente a postular a continuidade entre o sistema instituído em 1966 pelo regime autoritário e o de 1988.[55] Mas discordamos dessa análise, levando em conta que grandes mudanças na participação social, na divisão dos poderes e na autonomia do Poder Judiciário são parte integrante dos legados positivos da Carta Magna de 1988.

Ao mesmo tempo, o sistema proporcional implantado no Brasil criou o assim chamado "presidencialismo de coalizão", um fenômeno que pode ser descrito da seguinte forma: o presidente do Brasil se elege com uma quantidade muito maior de votos do que o seu partido recebe nas eleições para o Congresso Nacional, criando a necessidade de alianças políticas no Congresso (Abranches, 1988). Por sua vez, as negociações para a conquista de maiorias no Congresso Nacional fornecem ao presidente ampla capacidade de agenda no Congresso. Fernando Henrique Cardoso, Lula e o primeiro governo Dilma tiveram essa capacidade, perdida pela presidenta em fevereiro deste ano. A difícil sustentabilidade do modelo nos dias de hoje se dá em função de o PMDB ter assumido a hegemonia do sistema político do país.

A ascensão do presidencialismo de coalizão (1994-2002)

O funcionamento do sistema político brasileiro adquiriu o seu formato atual a partir de 1988, quando foi realizada a Assembleia Nacional Constituinte. Nela foram debatidas diversas questões relativas à organização do sistema político, tendo uma preocupação essencial: evitar os impasses que levaram à ruptura democrática em 1964. Alguns constituintes defenderam o parlamentarismo e, ao serem derrotados, afirmaram que a Constituição era uma aberração, já que possuía um texto parlamentarista com uma cabeça presidencialista. Certos autores, principalmente Nobre, analisam a Constituinte sob a perspectiva do peemedebismo, e o que se vê é apenas a prevalência do centrão e de uma agenda conservadora.[56] Defendo uma posição intermediária, a de que o presidencialismo e a armação institucional do sistema político resolveram provisoriamente o problema da governabilidade.

Em relação aos debates realizados na Constituinte, Fernando Limongi argumenta no sentido de uma preocupação com a governabilidade. Para ele,

> (...) o texto constitucional foi escrito sob um amplo consenso de que o sucesso da democracia dependia da capacidade do governo de dar respostas efetivas e rápidas às crescentes demandas postas aos governos por sociedades modernas e complexas. A modernização institucional foi o *leitmotiv* sobre a qual se deu a definição das relações entre o Executivo e o Legislativo. O processo decisório precisava ser dotado de eficiência. Protelar decisões seria a forma de alimentar crises, de não dar as respostas demandadas pela sociedade. Em sendo assim, o principal obstáculo a ser transposto era o conservadorismo e a morosidade característicos do Poder Legislativo.[57]

Do ponto de vista de Limongi, a preocupação principal dos constituintes, que pode ser traduzida como a preocupação principal dos peemedebistas, era a governabilidade, entendida como a superação da morosidade do Congresso. Para provar sua tese, o autor mostra em diversos trabalhos que desde 1988 o Congresso tem aprovado muito mais propostas do Poder Executivo do que o fazia no período entre 1946 e 1964. Enquanto Vargas ou Juscelino Kubitschek aprovaram, respectivamente, apenas 45% e 29% das suas propostas no Congresso, Fernando Henrique Cardoso teria aprovado 84,4% e Lula, 89,9%.[58] A maneira de fazê-lo, sabemos qual é: com a formação de uma série de alianças. Limongi explica esse elemento da seguinte maneira:

> Está claro que o poder de agenda do Executivo não é suficiente para garantir a aprovação das suas proposições. O sucesso do Executivo só pode ser garantido por meio do apoio explícito da maioria dos legisladores. Leis só são aprovadas se votadas pelo Legislativo. E isto é verdade inclusive para a manifestação extrema do poder de agenda do Executivo, as Medidas Provisórias.[59]

Assim, a posição de Limongi é de que tanto os constituintes quanto os principais governos depois de 1994, FHC e Lula, optaram pela governabilidade expressa na capacidade que tiveram de aprovar as suas propostas no Congresso. E não existe nenhuma dúvida de que tiveram tal capacidade. FHC e Lula conseguiram aprovar quase o mesmo número de iniciativas no Congresso que o primeiro-ministro da Inglaterra. No entanto, essas alianças, que garantem, como supõem os autores, a governabilidade, comprometem o desempenho e a legitimidade do Legislativo, devido ao método como a governabilidade foi alcançada no Brasil após 1988. Voltarei a esse ponto mais à frente.

Nobre defende uma posição radicalmente diferente, seja em relação à Constituinte, seja em relação aos governos pós-1994. Para ele, o chamado peemedebismo, que constitui tanto um conceito quanto um fenômeno empírico, tem a sua origem na eleição para o Congresso Constituinte em 1986. Naquela eleição, ocorrida durante o Plano Cruzado, o PMDB teve o seu melhor resultado e elegeu todos os governadores (com exceção do estado de Sergipe) bem como 260 deputados constituintes.[60]

A vitória do PMDB em 1986 seria a melhor expressão da sua marca no sistema político existente no país após 1988, mas também seria a marca dos problemas do peemedebismo. De um lado, o partido alcançou a maioria absoluta no Congresso Constituinte; de outro, sua vitória significou a primeira expressão de que maiorias conservadoras no Congresso não são capazes de provocar mudanças. Com a emergência do centrão, que, como é sabido, foi um grupo suprapartidário e conservador que atuou na Constituinte, conseguiu-se gerar uma maioria provisória em questões relevantes naquele momento, tais como a duração do mandato do presidente Sarney e a histórica votação da reforma agrária. E, ao final, conseguiu-se aprovar a continuidade do sistema político com presidencialismo e representação proporcional no Congresso.

Se é verdade que Nobre apresenta alguns pontos relevantes em relação ao sistema político aprovado pela Constituinte, o seu argumento tem também problemas. Em primeiro lugar, é difícil sustentar que o resultado da Constituinte é homogeneamente conservador. Pelo contrário, no que diz respeito às políticas sociais, à participação social e à organização do Judiciário, a Constituinte foi fortemente progressista. Instituiu a saúde como direito universal, a assistência social como direito, foi fortemente progressista no seu capítulo sobre políticas urbanas, devolveu e ampliou as prerrogativas do Poder Judiciário, além de ter reconhecido os direitos indígenas e das populações quilombolas. Por fim, estabeleceu uma ampla estrutura de participação social no país. Portanto, o argumento de Nobre de que com o centrão se instala no Brasil um forte elemento conservador no sistema político não corresponde à realidade do processo constituinte.

Em segundo lugar, o PMDB da Constituinte não tem algumas das mais importantes características daquilo que Nobre define como peemedebismo, principalmente a falta de um projeto nacional e o estabelecimento de profundos interesses locais. Naquele momento, o PMDB tinha uma liderança clara, Ulisses Guimarães, e um projeto nacional intimamente identificado com a agenda progressista para as políticas públicas.[61] Temos na Constituinte com a maioria do PMDB agendas mistas, tanto progressistas quanto conservadoras.

Mas o argumento de Nobre se torna mais relevante nos dois governos fundamentais da democracia brasileira, FHC e Lula. É só em 1994, com a eleição de Fernando Henrique Cardoso, que se torna proeminente o argumento do presidencialismo de coalizão, isto é, da efetivação da capacidade de governar ainda que em uma situação de minoria no Congresso. O PSDB faz 63 deputados federais (13%) nas eleições de 1994 e 71 (15%) nas eleições de 1998. Ainda assim, Fernando Henrique Cardoso consegue aprovar 84% das suas proposições de lei. Logo, parece, a princípio, que o argumento de Limongi acerca da opção pela governabilidade tem grande apelo para explicar esse período.

Nobre propõe uma explicação alternativa. Para ele, o período FHC não pode ser entendido unicamente pelas reformas fiscais e pela estabilização. Pelo contrário, o autor enxerga uma irresponsabilidade fiscal que se associou ao Plano Real como parte da estratégia de co-optação do peemedebismo. Para ele, "o processo de estabilização, tal como realizado em 1994, só foi possível política e economicamente em razão da irresponsabilidade fiscal do primeiro período FHC. O presidente que aprovou a lei de responsabilidade fiscal foi o mesmo que deixou de praticá-la em seu governo".[62]

Não creio que Nobre tenha uma boa explicação para as políticas desse período. O que ele propõe é que a irresponsabilidade fiscal atendeu ao peemedebismo e assim nenhum interesse importante foi contrariado. É verdade que houve considerável aumento de despesas no período, mas, novamente, não está claro que isso atendeu aos interesses do PMDB. Em alguns casos, o que houve foi o governo assumindo alguns esqueletos passados do Estado brasileiro.[63]

Algumas questões mais específicas merecem explicação. A aprovação de importantes legislações ligadas à agenda do governo FHC, tais como a estabilidade econômica, a Desvinculação de Receitas da União (DRU), que certamente contrariou interesses locais, e a Lei de Responsabilidade Fiscal, não se deu simplesmente por cooptação de maiorias, mas esteve ligada, diferentemente do que Nobre assume, à capacidade de criar consenso em torno dessas políticas na sociedade e no sistema político. Nesse sentido, a maioria conseguida por FHC expressou também uma importante convergência política que Nobre tende a ignorar.

É verdade que existiram custos, mas não creio que fossem fiscais. Estes estiveram ligados, já no governo FHC, a escândalos de corrupção, como foram os casos que emergiram na saúde, os chamados vampiros; na área de defesa, com as contratações para o sistema de controle de tráfego aéreo na Amazônia; os casos ligados à votação da reeleição, com as consequentes mudanças de ministros e os impactos sobre a capacidade administrativa do governo federal.

Nesse sentido, as análises de Limongi e Nobre são mais complementares que os dois autores supõem para o governo FHC. Limongi, ao focar na governabilidade, coloca o centro da sua análise na capacidade de o Executivo aprovar as suas propostas no Congresso por meio da formação de coalizões, o que certamente o governo Fernando Henrique Cardoso conseguiu. Nobre, ao falar do impacto das grandes alianças sobre a agenda, acerta quando aponta para os elementos de criação dessa agenda seguindo um modelo conservador que expressa a principal linha de ação do governo FHC e erra quando apela para a dessubjetivação a fim de explicar elementos positivos desse modelo. Ambos erram ao não focarem em um elemento que vai se tornar fundamental no governo Lula: os custos crescentes da governabilidade no presidencialismo de coalizão.

Para entender melhor esses custos, é necessário compreender as diferentes facetas do conceito de governabilidade. Limongi entende-o fundamentalmente como a capacidade de tomar decisões. O conceito faz sentido na medida em que a paralisia decisória constitui um problema para a governabilidade democrática. Também faz sentido se pensarmos nos dilemas da democracia brasileira entre 1946 e 1964, quando o Executivo não conseguia ter um alto poder de agenda no Congresso.

No entanto, há outro lado do conceito de governabilidade que é relevante e tem sido problemático desde 1988, qual seja, a legitimidade do processo decisório em relação à opinião pública. Aqui parecem residir os principais problemas do presidencialismo de coalizão, que foram menores no governo FHC por alguns motivos, a saber: a convergência entre a base do governo e a sua agenda no Congresso era maior e os problemas decorrentes da coalizão, principalmente a má gestão e a corrupção, eram mais facilmente assimiláveis pela base do governo e foram amplamente ignorados pelo Ministério Público e por grande parte da imprensa. A aliança com o PMDB era assimilável pela opinião pública e não tinha os traços de peemedebismo que Nobre sustenta. Será nos governos Lula e Dilma que esses custos se elevarão, tal como explanado na próxima seção.

A crise do presidencialismo de coalizão (2003-2005)

Apesar de o PT ser um partido com fortes relações com movimentos sociais e ter uma base fraca no Congresso, a chegada de Luiz Inácio Lula da Silva à Presidência não significou a continuação das concepções históricas do partido sobre participação. Na verdade, o esforço do governo petista entre 2003 e 2005 esteve centrado na criação de uma sólida base parlamentar no Congresso. As dificuldades para a criação dessa base são conhecidas e envolveram tanto problemas clássicos do presidencialismo de coalizão quanto novos. Os problemas clássicos estão ligados à incapacidade de o partido do presidente deter maioria no Congresso ou estar próximo dele.

O PT elegeu, nas eleições de 2002, 91 parlamentares, aproximadamente 17% do Congresso. Estes não eram suficientes para compor maioria no Congresso e alguns partidos se tornaram disponíveis para a formação de uma coalizão, entre eles, o PMDB. Não é de todo clara a relação entre o governo e a base aliada no início do governo Lula, mas o PT decidiu não aliar-se ao PMDB.[64] O motivo foram questões que não afetavam o PSDB, mas sim o PT. Em primeiro lugar, relações clássicas do PT com movimentos sociais em certas áreas que tornavam muito difícil lotear ministérios. Áreas de políticas públicas que haviam sido objeto clássico de loteamento, como a saúde, a assistência social, o recém-criado Ministério das Cidades, não podiam se tornar objeto de loteamento. Todos eles ficaram inicialmente nas mãos do PT. Outros ministérios nunca foram loteados, caso das pastas da área econômica. A articulação política também não podia ser loteada. Conclusão: já no início do governo manifestou-se um problema que nunca foi plenamente resolvido no caso dos governos petistas. A solução inicial acabou sendo uma coalizão com partidos menores para a base do governo e a cooptação pouco ortodoxa de uma base maior no Congresso.

Por uma perspectiva restrita da governabilidade, poderíamos argumentar que o governo petista desprezou, em um primeiro momento, a importância de uma construção mais robusta da governabilidade, ao deixar de lado uma possível aliança com o PMDB. No entanto, a governabilidade não pode ser reduzida à capacidade de tomar decisões; deve também ser vista como a capacidade de implementar as políticas públicas que o eleitorado de um partido demanda.

No caso do governo Lula, a governabilidade implicou a manutenção dos Ministérios da Saúde, da Educação, do Desenvolvimento Social e, em um primeiro momento, das Cidades[65] nas mãos do PT. Afinal, foram essas as áreas que produziram resultados coerentes ao longo dos últimos 12 anos, com a implementação das seguintes políticas: Bolsa Família, Reestruturação e Expansão das Universidades Federais (Reuni), Exame Nacional do Ensino Médio (Enem), aumentos reais do salário mínimo, Sistema Único de Assistência Social (SUAS), Sistema Nacional de Segurança Alimentar (Sisan) e um conjunto de políticas de saúde para o idoso. Não há dúvida de que essas políticas garantiram a governabilidade do projeto político do PT, se pensarmos a governabilidade como a capacidade de produzir decisões e políticas públicas diferenciadas.

De outra parte, tal como argumenta Nobre, temos uma segunda perspectiva sobre o problema, segundo a qual a governabilidade no início do governo Lula envolveu uma barganha "que era mais ou menos a seguinte: não sendo possível uma radical reforma do sistema político, troquemos um pacto com o peemedebismo por avanços na diminuição da desigualdade de renda e reconhecimento social (e, em menor medida, de desigualdades ambientais)".[66] Existem aqui diversos elementos controversos. O primeiro é que o governo Lula tentou não fazer um pacto com o PMDB, como é de amplo conhecimento público.[67]

A legitimidade de programas como o Bolsa Família foi estabelecida durante o processo eleitoral, e não barganhada no Congresso, mesmo porque não existe qualquer notícia de um pacto forjado nessa direção, o que significaria assumir uma dessubjetivação do processo de construção das principais decisões como relatadas por Nobre. Assim, parece bastante claro que o governo Lula atingiu seus objetivos de curto prazo no Congresso e manteve certo controle da estrutura ministerial nas mãos do PT. No entanto, tal estratégia custou caro no momento em que explodiu o escândalo conhecido como "mensalão" e a base do governo era extremamente precária.

A eclosão do "mensalão" foi um processo paulatino que envolveu diversos episódios. O inaugural consistiu na crise que levou à derrota de Luiz Eduardo Greenhalgh à presidência da Câmara dos Deputados. Esse processo teve dois elementos: o primeiro foi uma crise interna no PT motivada pela capacidade limitada de adaptação do partido ao presidencialismo de coalizão. Um grupo de deputados descontentes lançou a candidatura de Virgílio Guimarães, dividindo o bloco de apoio ao governo. Ao mesmo tempo, a própria base aliada manifestava descontentamento e lançou a candidatura de Severino Cavalcanti. Ao final, o PT perdeu a presidência da Câmara, fator que foi decisivo para a criação da Comissão Parlamentar de Inquérito (CPI) do mensalão, que poderia ter posto fim ao conjunto do projeto político representado por Lula e pelo PT. Apenas com a renúncia de Severino Cavalcanti e a eleição de Aldo Rebelo, a crise do mensalão foi estabilizada.

É possível, desse modo, vislumbrar uma primeira análise da relação entre o PT e o presidencialismo de coalizão, com base nos episódios que conduziram à crise do mensalão. Há três elementos envolvidos.

O primeiro está ligado a um entendimento ampliado da governabilidade que abrange tanto a capacidade de produzir decisões e de implementar políticas quanto a capacidade de estabilizar a legitimidade do sistema político. O presidencialismo de coalizão garante o primeiro aspecto, mas não totalmente os outros dois. Os obstáculos enfrentados pelo PT no governo se iniciaram com a sua incapacidade de realizar uma ampla aliança sem comprometer elementos da sua concepção de partido ou da sua relação com sua base política. Para efetivar seu programa político, o partido cedeu menos ministérios à sua coalizão de apoio no Congresso do que o fez FHC. Quando tomou tal decisão, acabou se tornando vulnerável, o que eventualmente conduziu à CPI do Mensalão em 2005.

O segundo elemento está ligado aos custos da aliança para o governo. Ainda que a adesão do PT ao peemedebismo ou a uma ampla coalizão de governo tenha sido, na melhor das hipóteses, parcial, as consequências não o foram. Seja porque o PT na sua origem tem arraigadas relações com movimentos sociais, seja porque na formação da sua identidade política o partido participou de uma veemente crítica contra a corrupção, a sua adesão a uma ampla coalizão com poucos elementos ideológicos teve importantes consequências políticas. Uma delas foi a saída de um expressivo grupo de parlamentares do partido, no primeiro semestre de 2005, criando dificuldades importantes para a sua legitimidade na relação com sua base política.

Mas é o terceiro problema o mais determinante. As alianças que o governo realiza com a cessão de importantes cargos públicos, em geral na área de infraestrutura, provocam casos de corrupção. A lógica desses casos é quase sempre a mesma. O financiamento de campanha dos principais partidos da base aliada no Congresso – PL, PR, PTB, PP e PMDB – se dá pela via da cobrança de porcentagens sobre grandes contratos públicos realizados com algumas das grandes empreiteiras do país.[68] Por sua vez, tais empresas transferem recursos para partidos e membros do sistema político de forma indiscriminada e sem nenhum controle, tornando esses fundos tanto a fonte de caixa dois como também de casos individuais de apropriação privada, que pode ser denominada de caixa três, como foi possível ver recentemente no episódio da prisão do ex-ministro José Dirceu em agosto de 2015. Se com a crise do mensalão todos esses problemas emergiram no cenário político, a resposta do governo Lula e depois do governo Dilma foi a institucionalização desse processo.

O PT e a institucionalização do presidencialismo de coalizão: 2006-2010

A crise do mensalão é estabilizada de duas formas no segundo semestre de 2005: de um lado, o governo recupera, por meio de um partido estreitamente associado a ele, o PCdoB, o controle do Congresso na eleição para a sucessão de Severino Cavalcanti e com isso estanca o movimento de instabilidade política que se havia instituído no começo daquele ano; de outro lado, o governo sinaliza para o PMDB que o tornará o principal partido da base aliada. Em contrapartida a tal posicionamento, o PMDB passa a ocupar, em caráter quase "permanente", a presidência do Senado, primeiro com Renan Calheiros, depois com José Sarney. Ao tomar tais atitudes, Lula estanca a crise, recupera sua popularidade e derrota o candidato do PSDB, Geraldo Alckmin, na eleição de 2006. No entanto, os problemas do presidencialismo de coalizão apenas se acentuam, com exceção da capacidade do presidente de aprovar leis no Congresso.

Lula, no início de 2007, muda de estratégia em relação ao PMDB e cede ao partido alguns ministérios com maior centralidade, como é o caso dos Ministérios da Saúde (cedido logo após a crise do mensalão), da Agricultura e da Integração Nacional. Essas pastas têm características parecidas e fazem parte da institucionalização do presidencialismo de coalizão. Todas têm fortes relações com políticos no Congresso ou com suas bases regionais. O Ministério da Agricultura tem relações com políticos com interesse em financiamento rural; o Ministério da Integração Nacional lida com questões como obras contra a seca; o Ministério da Agricultura tem sólidas relações com políticas de abastecimento que interessam aos parlamentares com bases rurais; e, por fim, o Ministério da Saúde tem forte relação com a saúde indígena. A esses ministérios valeria acrescentar o das Cidades, que muda radicalmente de perfil após a crise do mensalão e passa a concentrar um conjunto de políticas de financiamento urbano e a ser ocupado a partir de 2005 pelo Partido Progressista (PP).

Quadro 1 — Ministérios assumidos pelo PMDB
nos governos de Luiz Inácio Lula da Silva.

MINISTÉRIO	1° MANDATO (2003-2006)	2° MANDATO (2007-2010)
Comunicações	Eunício Oliveira Hélio Costa	Hélio Costa José Artur Filardi
Previdência	Amir Lando Romero Jucá	–
Minas e Energia	Silas Rondeau	Silas Rondeau Edson Lobão Márcio Zimmermman
Saúde	José Saraiva Filipe	José Gomes Temporão
Agricultura	–	Reinhold Stephanes Wagner Rosi
Integração Nacional	–	Geddel Vieira Lima João Santana

Há um segundo aspecto da institucionalização do presidencialismo de coalizão a partir do segundo mandato de Lula que se refere ao peso dos ocupantes dos ministérios no interior desses partidos. Geddel Vieira Lima, Reinhold Stephanes, Hélio Costa e Edson Lobão são importantes lideranças regionais do PMDB no Congresso. Eles sinalizam uma clara disposição de utilização desses ministérios como facilitadores de interesses políticos regionais.

Por fim, o terceiro elemento na nova relação com o PMDB é a vinculação com o partido no Congresso Nacional. A partir do segundo mandato do presidente Lula, o PMDB, apesar de não ser o maior partido do Congresso, passa a ocupar a presidência das duas casas. Além disso, no caso do Senado, a presidência passa a ser exercida por importantes lideranças do PMDB, no caso, Renan Calheiros e José Sarney, ambos com uma carreira política marcada por uma tradição em utilizar recursos públicos de forma privada. Ainda no segundo mandato do presidente Lula, ambos são afetados por escândalos de corrupção com grande repercussão midiática. No caso de Renan Calheiros, evidências de mau uso em verbas de representação acabam levando à sua saída da presidência do Senado. No caso de José Sarney, um conjunto de atos secretos autorizava gastos ilegais no Senado e remunerações exorbitantes para alguns dos seus funcionários. Sarney corrigiu tais atos e permaneceu à frente do Senado.

Se fizermos um balanço no ajuste de estratégia do governo Lula em relação ao PMDB, fica evidente a disjunção entre capacidade decisória e legitimidade política. A reação do governo Lula e do PT à crise do mensalão foi o ajuste ao presidencialismo de coalizão. Essa adaptação foi pensada em um sentido bastante claro, a saber, a melhora da capacidade decisória do governo no Congresso Nacional com a escolha de um aliado principal, o PMDB.

A esse aliado o governo Lula realizou três concessões principais: cedeu mais ministérios, de áreas mais importantes, entre eles Saúde (a partir de 2005), Agricultura e Integração Nacional (a partir de 2007). Em segundo lugar, apoiou de forma mais decisiva a atuação do PMDB no Congresso, deixando de se posicionar em relação a graves escândalos que ocorreram particularmente no Senado. Com ambas as atitudes, o governo melhorou sua capacidade de aprovar leis no Congresso. Lula, em seu segundo mandato, sancionou em torno de 90% de suas propostas e, dessa maneira, supostamente institucionalizando o presidencialismo de coalizão.

Digo supostamente porque, se tomarmos como base uma segunda dimensão, a da legitimidade do sistema político frente à opinião pública e à cidadania, podemos ter outra percepção. No segundo mandato do presidente Lula, começa a se manifestar uma questão que atingirá sua plena configuração a partir de 2013: de que há uma relação entre a forma de governo, no caso o presidencialismo de coalizão, e a incidência da corrupção.

Claramente, a opção por uma aliança estreita com o PMDB levou a isso, especialmente em razão dos escândalos na presidência do Senado. Instala-se, assim, uma disjunção na governabilidade de acordo com a qual o governo tem forte capacidade de influência sobre o Congresso, mas o faz de maneira rejeitada pela opinião pública, tal como fica claro nas manifestações de junho de 2013, que serão abordadas no Capítulo 3. A opção pela institucionalização do presidencialismo de coalizão também se torna muito vulnerável com os processos de fortalecimento da Polícia Federal e do Ministério Público. Esse problema se manifestará plenamente no governo Dilma.

Institucionalização do presidencialismo de coalizão e vulnerabilidade político-legal: o dilema do governo Dilma

Dilma Rousseff, ao ser eleita em 2010, herdou as principais características do presidencialismo de coalizão tal como foram adaptadas pelo governo Lula ao longo da década: as alianças com o PMDB no Congresso e as nomeações ministeriais de políticos do partido. Essas duas políticas seriam pretensamente coroadas com um terceiro elemento que selaria definitivamente a aliança do governo com o PMDB ou com o peemedebismo, qual seja, a indicação de Michel Temer, um dos líderes históricos do PMDB, para a Vice-Presidência.

Os três elementos conjuntamente dariam a Dilma uma forte base no parlamento e tranquilidade em relação à governabilidade, no sentido de aprovação de suas propostas no Congresso. No entanto, tal apoio foi dado de forma limitada. Inicialmente, o PMDB apoiou a presidenta seguindo as posições do líder do governo em 88% das votações em 2011. A partir de 2012, o governo Dilma enfrentou sucessivas crises decorrentes da ampliação da disjunção entre governabilidade e legitimidade política.

Três grandes conflitos foram enfrentados por Dilma em seu primeiro mandato: os problemas consecutivos de corrupção entre os ministros indicados por sua base política, que levaram à demissão de sete deles no primeiro ano de governo; uma rebelião conservadora da base do governo, que levou a derrotas em diversas propostas importantes, como nos casos do Código Florestal e do Decreto nº 8.243 sobre participação; e as manifestações de junho de 2013, que ajudaram a consolidar uma visão acerca da corrupção no sistema político e no governo. Vale a pena analisar cada um dos processos.

Dilma Rousseff formou o seu ministério dando ao PMDB mais poder do que este jamais teve desde 1994. O partido passou de cinco para seis ministérios, alguns com muita influência regional, tais como o ministério da Integração Nacional, o ministério da Previdência e o ministério da Agricultura. Assim, o padrão de inserção do PMDB no governo parecia se manter. No entanto, as denúncias de corrupção em diversos ministérios em 2011 abalaram a coalizão governista. Os ministros demitidos ao longo do ano pertenciam, em alguns desses casos, ao PMDB, como Wagner Rossi e Pedro Novais, e outros eram de partidos importantes da base do governo, como o PP (Mário Negromonte), o PR (Alfredo Nascimento) e o PCdoB (Orlando Silva).

Em razão disso, aparece logo no início do governo Dilma o primeiro problema relacionado à governabilidade. A acomodação do PT ao presidencialismo de coalizão leva a uma proliferação de casos de corrupção em agências governamentais estratégicas, tais como a Companhia Nacional de Abastecimento (Conab) e o Departamento Nacional de Infraestrutura de Transportes (DNIT). À medida que a presidenta demitia ministros no seu primeiro ano de governo, também fragilizava a sua base no Poder Legislativo, já que quase todos tinham fortes vínculos congressuais. Com isso, acentuou-se a disjunção entre governabilidade como capacidade de decisão, e governabilidade como estabilidade e legitimidade política.

O segundo problema enfrentado por Dilma é mais afim à análise de Nobre. A base congressual do governo tornou-se profundamente conservadora e bateu de frente com o governo em algumas situações importantes. A primeira delas se deu na votação do Código Florestal e a segunda, na votação da medida provisória dos portos. Em ambas, foram organizados no Congresso Nacional enormes lobbies de manutenção do *statu quo* cujo enfrentamento se mostrou muito difícil para o governo. No primeiro caso, com pouco apoio da mídia e de setores da oposição, o projeto do Código Florestal sofreu diversas derrotas no Congresso em questões fundamentais, tais como a recuperação da vegetação em áreas próximas de mananciais. No segundo caso, ainda que com apoio de fortes setores empresariais e da imprensa, foi muito difícil para o governo aprovar a medida provisória dos portos.

Neste último, diferentemente do caso do Código Florestal, apareceu claramente uma liderança do PMDB, Eduardo Cunha, contra os interesses do governo. Vale a pena mencionar alguns dados da sua trajetória. Cunha não é um peemedebista típico, como Renan Calheiros ou Sarney. Ele passou por diversos partidos, entre os quais o PRN, durante a presidência de Collor de Mello, e o PPB durante o governo Garotinho. Após entrar no PMDB em 2003, passou a comandar na Câmara um amplo bloco de oposição ao governo colocando em questão tanto a capacidade do governo de aprovar legislação no Congresso quanto de ter um partido da base que contribua com o processo decisório. Por qualquer uma das perspectivas, a ação de Eduardo Cunha[69] aponta para os limites do presidencialismo de coalizão e para a formação de uma base conservadora no Congresso que bloqueia as ações do governo. Assim, com o tempo, o presidencialismo de coalizão e a fragmentação partidária passaram a se constituir em problemas para a construção da governabilidade no Brasil.

As manifestações de junho de 2013, que serão analisadas detalhadamente no Capítulo 3, cimentaram uma visão na opinião pública sobre presidencialismo de coalizão e corrupção moral e política. Se é verdade que a corrupção não foi a primeira preocupação dos manifestantes de junho – foi o reajuste da tarifa do transporte público paulistano –, rapidamente entrou na pauta. Segundo pesquisa Ibope feita naquele momento, 24,2% dos participantes protestaram contra a corrupção na política. Essa percepção acabou subsidiando um discurso sobre a corrupção que abarca perspectivas tanto conservadoras quanto progressistas.

Do ponto de vista conservador, tal ideia acabou levando à consolidação de uma concepção que hoje é partilhada por amplos setores de classe média e que, como me referi na Introdução, ameaça a continuidade de um projeto de esquerda progressista no país. Esse projeto se evidenciou durante a campanha eleitoral de 2014 e se consolidou fortemente no primeiro semestre de 2015. Sob uma visão progressista, as manifestações de junho alimentaram uma crítica ferrenha ao sistema político tal como se organiza hoje e coloca a necessidade da retomada de um projeto de esquerda menos vinculado ao presidencialismo de coalizão e ao PMDB.

Os impasses da aliança governista no presidencialismo de coalizão

Como breve conclusão a este capítulo, podemos apontar diversas disjunções no presidencialismo de coalizão que afetam a governabilidade do Brasil. A primeira diz respeito à própria governabilidade, uma vez que, mesmo que o presidencialismo de coalizão tenha sido capaz de produzir uma forma estável de governabilidade por um longo período, de 1994 a 2010, esta foi restrita, no sentido de frequentemente ter colocado em questão a legitimidade e a estabilidade do sistema político. Escândalos recorrentes no Congresso durante os governos FHC e Lula demonstram isso, ainda que eu tenha argumentado que o presidencialismo de coalizão tem sido mais problemático para o PT.

A relação entre presidencialismo de coalizão e governabilidade não é estável, e o que vem ocorrendo nos últimos cinco anos é uma deterioração na qual os problemas de legitimidade em relação aos acordos para a formação de maiorias no Congresso superam os elementos positivos de produção de capacidade de decisão. Essa deterioração é explicada por dois fenômenos recentes. Um deles é a guinada conservadora do PMDB e do Congresso, que se consolidou com a eleição de Eduardo Cunha para a presidência da Câmara e se expressou claramente com a aprovação de uma série de leis e propostas de emendas constitucionais no primeiro semestre de 2015, entre elas a redução da maioridade penal e a autorização de financiamento por empresas a partidos políticos. Tal como apontei anteriormente, já no primeiro governo Dilma, tal fato se expressou em algumas votações importantes, como as do Código Florestal e da medida provisória dos portos. No entanto, essa guinada se acentuou no pleito de 2014, no qual o Partido dos Trabalhadores pode ser considerado derrotado nas eleições proporcionais, pela primeira vez desde 2002.[70]

A derrota do PT, aliada à maneira como o financiamento de campanha incide sobe o perfil do Legislativo, aponta para uma mudança de natureza na relação entre este e o governo.[71] Na medida em que o financiamento privado torna o Congresso cada vez mais conservador, acaba por se manifestar um fenômeno que é a transformação do centrismo do presidencialismo de coalizão em um elemento de conservação do *statu quo* ou até mesmo de reversão do *statu quo* político. A tentativa de Cunha de realizar uma reforma política implantando o "distritão" e constitucionalizando o financiamento privado de campanha aponta nessa direção. Tudo indica que essa será a principal característica do Congresso eleito em 2014 e em exercício a partir de 2015.

Desse modo, uma nova disjunção parece ter sido gerada pelo presidencialismo de coalizão, entre governo de esquerda e governabilidade. Desde junho de 2013, há uma instabilidade política no Brasil que tem se manifestado pela queda acentuada da aprovação do governo, evidenciando uma perda de confiança no sistema político. Essa queda alcançou a marca de 10% em pesquisa Datafolha publicada no mês de junho de 2015. A queda na aprovação da presidenta se revela principalmente entre os indivíduos de classe média dos grandes centros urbanos.

Foi essa classe média que, segundo o Ibope, participou das manifestações de junho de 2013, já que 43% dos manifestantes tinham ensino superior completo e 23% deles declararam ter renda superior a dez salários mínimos. Foi essa classe média que derrotou Dilma nas principais capitais do Sudeste, nos dois turnos da eleição. E foi essa classe média que expressou o seu aumento de desconfiança em relação à democracia na pesquisa Ibope de 8 de dezembro de 2014. Por fim, foi essa classe média que bateu panelas e se manifestou em março, abril e agosto de 2015.

Assim, fecha-se um círculo em relação à questão governo de esquerda, governabilidade e legitimidade no presidencialismo de coalizão. A forma de gestão do presidencialismo de coalizão aliena setores de classe média no apoio ao governo, setores esses que passam a se manifestar publicamente. Assim, ambas as disjunções tendem a reverter o argumento da governabilidade produzido pelo presidencialismo de coalizão. Este argumento se conecta com dois outros: os limites da participação social, que poderiam ajudar o governo a romper com o seu isolamento político no Congresso, e a melhoria no combate à corrupção, que poderia ajudar o governo a relativizar o peso do PMDB na política se sua prática não incidisse também sobre o próprio PT. Nos dois capítulos seguintes irei abordar tais problemas.

2. Os limites e a segmentação da participação social (1990-2013)

A participação social tem sido uma das estrelas da democratização brasileira. O primeiro componente responsável por seu avanço foi a promulgação da Constituição Federal de 1988, com as legislações infraconstitucionais que lhe seguiram. No momento da convocação da Assembleia Nacional Constituinte (ANC), o grande debate girou em torno da convocação ou não de uma assembleia exclusiva para o processo de elaboração da Constituição. No entanto, outra característica da ANC brasileira adquiriu importância com o tempo, qual seja, a sua orientação participativa.

A Constituinte permitiu a elaboração de emendas populares, e movimentos sociais desencadearam uma campanha visando obter assinaturas para muitas propostas ligadas às políticas públicas. Alguns entre os mais importantes movimentos da sociedade civil, tais como os da saúde e de reforma urbana, da mesma forma que outros importantes atores sociais, como a Central Única de Trabalhadores (CUT) e o Movimento dos Trabalhadores Rurais Sem Terra (MST), também se juntaram à campanha para aprovação de emendas populares.[72] Esse foi um primeiro momento importante de um processo de aprofundamento democrático que criou instituições participativas nas áreas de saúde, planejamento urbano, meio ambiente e assistência social, entre outras. Ao seu final, a Constituinte gerou uma institucionalidade participativa que levou a existirem mais de vinte mil conselhos no Brasil.

O segundo componente foi a sinergia entre o Partido dos Trabalhadores e o processo de participação social, cujo momento de explosão foram os anos 1990, a partir das primeiras vitórias eleitorais do PT em nível local. Ao mesmo tempo que a participação nas áreas de saúde e os planos diretores municipais desencadearam uma forma muito intensa de envolvimento popular, o orçamento participativo (OP) se tornou uma marca registrada das gestões do Partido dos Trabalhadores e foi estendido para cidades como Belo Horizonte, São Paulo e Recife. Em 2008 já eram 201 as cidades que tinham algum tipo de OP.[73]

Um terceiro componente da participação social no Brasil é a sua dimensão nacional, reforçada a partir de 2003, com a chegada do Partido dos Trabalhadores ao poder. A partir de então, o governo federal passou a adotar uma orientação genericamente participativa que implicou uma expansão dos conselhos nacionais e das conferências nacionais. A realização de um conjunto de conferências – prática que já existia antes de 2003, mas estava limitada a algumas áreas de políticas participativas, entre as quais a saúde e a assistência social[74] – constituiu uma das marcas registradas do governo Lula – e em alguma medida do governo Dilma Rousseff.

Se tomamos como ponto de referência a primeira Conferência Nacional de Saúde, organizada pelo governo Vargas ainda nos anos 1940, e contabilizamos as conferências nacionais, estas somaram 74 durante o governo Lula e 23 no governo Dilma, o que mostra a sua centralidade nas políticas participativas do período. Tal marca também altera a influência das conferências sobre as políticas públicas do governo federal.

Assim, esses três eixos participativos se desenvolveram durante os últimos 25 anos e desde 2010 vêm encontrando dois limites principais, um externo e um interno. O limite externo, tal como mostrarei no Capítulo 3, está ligado a um conjunto de setores que ou não foram

OS LIMITES E A SEGMENTAÇÃO DA PARTICIPAÇÃO SOCIAL (1990-2013)

completamente incluídos na participação ou passaram a ter agendas paralelas aos processos participativos. A participação social envolveu temas clássicos e atores que fizeram conjuntamente parte de uma geração que viveu os momentos principais da redemocratização entre 1977, ano no qual ocorreram as primeiras manifestações pela redemocratização, e 1988, ano da promulgação da atual Constituição.

Tematicamente, os movimentos populares ligados às políticas sociais tiveram maior presença nas políticas participativas. A centralidade desses movimentos se deu ou pela presença de certas lideranças, como foi o caso de Sérgio Arouca para a área da saúde durante a democratização, ou pela persistência de demandas históricas, como foi o caso da reforma urbana, que já dispunha de presença política antes de 1964, com a famosa reunião no Quitandinha no ano anterior. Todos esses elementos criaram áreas mais propensas à participação social, deixando-se de lado outras.

Um segundo fenômeno diz respeito a uma segmentação da participação. De um lado, é possível notar o uso intensivo da participação nas políticas sociais, que começa no nível local em cidades como São Paulo, Porto Alegre e Belo Horizonte e alcança o nível nacional no começo do governo Lula.[75] De outro, nota-se uma ausência quase integral da participação na área de infraestrutura. Esta não foi uma arena privilegiada pelos movimentos sociais dos anos 1990, devido principalmente ao apagão de investimentos no setor provocado pela crise da dívida externa no período que precedeu a democratização brasileira.

Já no que tange à participação local, esta acabou se centrando nas principais cidades do país em áreas que se tornaram tradicionais durante a democratização, como saúde, assistência social e políticas urbanas, ao passo que políticas para as mulheres, integração racial, cultura e segurança pública não adquiriram tanta relevância. Todos esses fatos contribuíram para uma segmentação da participação que se tornou o fenômeno mais relevante dos processos participativos depois de 2013. Neste capítulo, mostrarei como tal segmentação foi construída e acabou gerando fortes exclusões ao longo da última década.

Ascensão da participação social nos governos locais

A Constituição de 1988 – com os artigos sobre soberania (artigo 1º), participação direta (artigo 14º) e os capítulos sobre as políticas sociais participativas – foi o ponto de partida na direção da participação social no Brasil, e o orçamento participativo (OP) foi a política que consolidou o pontapé inicial dado nessa direção.

No caso do OP, sua introdução em Porto Alegre, em 1990, levou a um sucesso que pode ser traduzido em alguns resultados: em primeiro lugar, a numerosa participação popular, que surpreendeu até mesmo alguns dos seus proponentes. O OP teve inicialmente uma participação desigual em Porto Alegre. Regiões com baixa propensão associativa tinham baixa participação no OP e aquelas com forte presença de associações comunitárias registravam maior influência. Foi preciso vontade política dos proponentes até que a participação atingisse maior nível em todas as partes da cidade. Esse processo voltou a se repetir em Belo Horizonte alguns anos depois, mas com o tempo alcançou-se aumento generalizado da participação popular nesse tipo de política.

Com o sucesso do OP em Porto Alegre, a participação popular se tornou ícone das administrações locais petistas e de muitos partidos de centro-esquerda, como o PSB. A Figura 1 é uma boa expressão da expansão dessa política nos anos 1990 até 2004, mostrando sua concentração nas regiões Sul e Sudeste no ano 2000. A partir daí, o OP passou a ser implementado em 201 municípios de todas as regiões do Brasil, com presença marcante na região Nordeste.

No entanto, o crescimento do OP alcançou o seu limite a partir de 2004, o que ocorreu em razão de dois fenômenos principais. A princípio, a derrota eleitoral do Partido dos Trabalhadores em Porto Alegre, que teve forte impacto sobre o OP, além de um significado político e simbólico. O fracasso do PT nas urnas ocorreu também em outras cidades, como São Paulo, mas em nenhum local esse impacto sobre o OP foi tão grande, porque as administrações petistas não eram homogeneamente participativas.[76] Porto Alegre era petista

OS LIMITES E A SEGMENTAÇÃO DA PARTICIPAÇÃO SOCIAL (1990-2013)

Figura 1 — Incidência local do orçamento participativo.

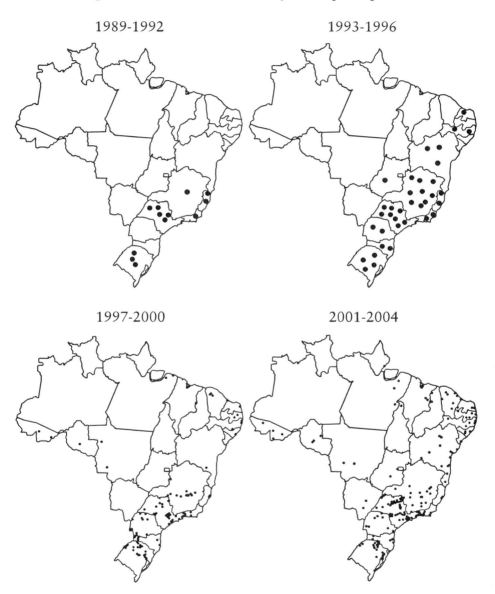

Fonte: Projeto Democracia Participativa (Prodep/UFMG).

e participativa, e sua influência sobre as políticas participativas em outros lugares do país não deve ser subestimada. Nesse sentido, a derrota do PT em Porto Alegre representou um prejuízo às políticas participativas locais no Brasil.

Em segundo lugar, há uma perda da centralidade do OP nas gestões do Partido dos Trabalhadores, que se expressa principalmente por uma diminuição dos recursos alocados nesse instrumento em quase todas as cidades. O caso exemplar é o de Belo Horizonte. As diferentes gestões petistas na capital mineira expressam dinâmicas díspares do OP. Entre 1993 e 2002, há uma dinâmica fortemente participativa, tanto na administração do PT quanto na administração do PSB. Em 2004, diminui-se a aplicação de recursos e a partir de 2008 ocorre uma drástica redução dos investimentos.

Podemos fazer raciocínio idêntico e complementar em relação aos conselhos de políticas, em especial, o de saúde. Os conselhos surgiram no começo da década de 1990, com base principalmente na Lei Orgânica de Saúde (LOS) e na Lei Orgânica de Assistência Social (Loas), e se generalizaram rapidamente, chegando a mais de vinte mil, segundo dados do Instituto de Pesquisa Econômica Aplicada (Ipea).[77]

O conselho de saúde da cidade de São Paulo foi um dos mais conhecidos e tornou-se muito importante para a política da saúde do município, estabelecendo significativas diretrizes de ampliação do acesso à saúde que se manifestaram posteriormente em outras cidades. Segundo Coelho Pereira,[78] na capital paulista, registrou-se maior acesso a consultas médicas, com base no IDH médio das regiões da cidade, nesse mesmo período. O conselho foi desativado durante as gestões conservadoras de Paulo Maluf e Celso Pitta, em uma das lutas políticas mais expressivas no Brasil em torno da participação.[79]

Conselhos de saúde foram fundamentais para a melhoria do acesso a essa política pública também em Belo Horizonte e Porto Alegre.[80] Em ambos os casos, com base em discussões no interior dos conselhos, foram criados critérios para a descentralização do acesso aos serviços médicos. Foi criada também uma diferenciação dos serviços, que passaram a ser plenos, semiplenos e incidiram sobre essa descentralização.

O mesmo pode ser afirmado em relação à assistência social. Essa política evoluiu consideravelmente, com a ampliação do acesso da população de baixa renda ao serviço e com a introdução de planos anuais de assistência social nas diversas cidades.[81] Também aqui há uma perda de centralidade ligada tanto à disputa política quanto a outros fatores.

A partir de 2004-2005, as políticas participativas passam a se encontrar em um isolamento relativo nas administrações do Partido dos Trabalhadores em nível local. O OP já não é mais implementado na quase totalidade das administrações petistas e, naquelas nas quais isso ocorre, a sua centralidade é menor. Os conselhos de saúde também perdem relevância em várias cidades, como São Paulo. Por sua vez, no âmbito federal a participação social recebeu um impulso com a chegada de Luiz Inácio Lula da Silva à Presidência.

Participação social nos governos Lula e Dilma: um primeiro balanço

A posse de Luiz Inácio Lula da Silva na Presidência em 2003 aumentou ainda mais as contradições das políticas participativas no Brasil. Por um lado, é inegável que, com a chegada do Partido dos Trabalhadores ao poder, o governo federal adotou uma orientação genericamente participativa que implicou a expansão dos conselhos nacionais e das conferências nacionais. A realização de um conjunto de conferências – prática que já existia antes de 2003, mas que estava limitada a algumas áreas de políticas participativas, entre as quais a assistência social[82] – constituiu uma das marcas registradas do governo Lula.

Quando analisamos as conferências nacionais sob o ponto de vista de seus integrantes, verificamos que participou das conferências nacionais em torno de 6,5% da população adulta brasileira. O perfil do participante típico das conferências nacionais é o seguinte: mulher, com quatro anos de escolaridade e uma renda que varia de um a quatro salários mínimos.[83] Esse também é o perfil majoritário de outras formas de participação no Brasil, em particular, do orçamento participativo.[84] Se a participação ocorre, no que diz respeito à renda e à escolaridade, em patamares próximos à média da população, há também uma estratificação. À medida que passamos dos níveis locais para o nível nacional, este é também um fenômeno importante.

Assim, podemos pensar em uma tipologia das conferências e da participação dos atores da sociedade civil que seria a seguinte: as conferências são uma iniciativa do governo federal nas áreas das políticas públicas que tem atraído segmentos significativos da sociedade civil em todas as suas etapas. Nas etapas locais, a participação desses segmentos tende a ser muito próxima da renda e da escolaridade média da população, ao passo que nas etapas nacionais pode-se perceber uma tendência à estratificação da população por renda e escolaridade. Tal estratificação não diferencia radicalmente esses grupos da população em geral, uma vez que há um processo de eleição de delegados que conecta os dois grupos. No entanto, o mais importante em relação às conferências, e que pode mostrar a sua força democratizadora e includente, é analisar o seu impacto nas diferentes áreas das políticas públicas.

Quando avaliamos a participação nas diferentes áreas de políticas públicas, percebemos uma dimensão adicional em relação às conferências nacionais, que é a mudança nas áreas temáticas nas quais ocorre a participação. Essa mudança já apontava para os limites da continuação da participação nos moldes do período pós-Constituição de 1988. Isso porque, quando perguntamos às pessoas de qual conferência participaram, vemos um declínio das áreas clássicas da participação em favor de áreas novas, tais como direitos humanos, cultura e políticas públicas para as mulheres.[85] Os resultados apresentados na Tabela 1 mostram uma transformação no padrão de participação na sociedade civil brasileira.

OS LIMITES E A SEGMENTAÇÃO DA PARTICIPAÇÃO SOCIAL (1990-2013)

Tabela 1 — Já participou das conferências nacionais, em qual temática?

TEMA DA CONFERÊNCIA	N° DE PESSOAS	%	TOTAL DE ENTREVISTADOS
Assistência social	52	36,4	143
Comunicação	16	11,2	143
Cultura	42	29,4	143
Das cidades	15	10,5	143
Direitos humanos	56	39,2	143
Educação	27	18,9	143
Esportes	23	16,1	143
Juventude	16	11,2	143
Política para mulheres	64	44,8	143
Saúde	12	8,4	143
Saúde mental	16	11,2	143
Segurança alimentar e nutricional	5	3,5	143
Segurança pública	18	12,6	143

Fonte: Avritzer, 2013.

Podemos afirmar que há uma renovação efetiva nas conferências nacionais, expressa na renovação das áreas temáticas nas quais a participação popular surgiu no Brasil durante a redemocratização. Essas novas formas de participação têm começado a influenciar o comportamento dos atores da sociedade civil e fixado agendas mais conflitivas com as do governo em áreas como os direitos humanos e a política para as mulheres. Ainda não está claro como as decisões tomadas nas conferências pautam, de fato, o desempenho do governo, mas o que parece é que nessas áreas se geram conflitos internos a ele.

Desde a democratização brasileira, as políticas participativas estiveram vinculadas a decisões na área de políticas públicas, em especial, saúde, assistência social e políticas urbanas. Tal vínculo estabeleceu certo temor com a efetividade dessas formas de participação.[86] Há, no caso da participação no âmbito local, evidências de processos deliberativos e da sua efetividade.[87] No entanto, essas evidências foram produzidas depois de um longo período de funcionamento das instituições. Este foi o motivo pelo qual achamos importante inquirir, no caso das conferências nacionais, sobre as evidências relacionadas à sua efetividade. Os dados apresentados na Tabela 2 sugerem certa cautela em relação à efetividade das demandas populares. O número de entrevistados que afirmaram que o governo sempre implementa as decisões foi bastante baixo, mas seria baixo até mesmo para a primeira fase do orçamento participativo em Porto Alegre, onde a implementação das decisões chegou a aproximadamente 90%. É preciso ter em mente que sempre existem motivos, técnicos ou legais, pelos quais não é possível pensar na implementação de 100% das decisões geradas por um processo participativo.

Tabela 2 — Quanto à implementação das decisões ou orientações da conferência, diria que:

AFIRMAÇÃO	FREQUÊNCIA	%
O governo sempre implementa decisões tomadas durante a conferência	8	5,6
O governo implementa a maioria das decisões tomadas durante a conferência	15	10,5
O governo implementa um número médio de decisões tomadas durante a conferência	28	19,6
O governo implementa um número pequeno de decisões tomadas durante a conferência	26	18,2
O governo não implementa as decisões tomadas durante a conferência	13	9,1
Nenhuma resposta	53	37,1
TOTAL	143	100

Fonte: Avritzer, 2013.

Para avaliar de forma mais precisa o nível de implementação das decisões das conferências nacionais, agregamos as três primeiras respostas, que sugerem um grau razoável de implementação das decisões e chegam à marca de 37% dos respondentes afirmando que o governo implementa ou a maioria ou um número médio de decisões. Consideramos esse número relativamente alto, principalmente se o compararmos aos 27,3% que afirmam que o governo promove um número pequeno ou não implementa as decisões.

Assim, quando colocamos a participação social em perspectiva no governo, vemos outro retrato. Algumas áreas do governo federal, em especial aquelas ligadas às políticas sociais, tornaram-se fortemente participativas, mas com grandes diferenciações internas. Ao mesmo tempo, outras áreas das políticas públicas tiveram suas propostas de participação bastante questionadas. Um segundo dado elaborado pelo Ipea nos fornece uma imagem ainda mais clara dessa segmentação. Trata-se de entrevistas com 140 gestores de programas do governo federal, cujos dados estão expressos na Figura 2.

Figura 2 — Programas do governo federal que levam em conta a participação social.

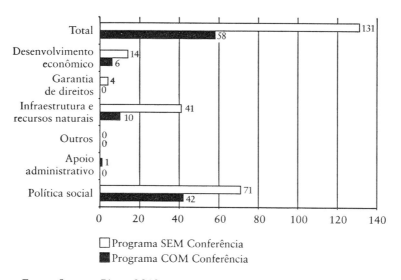

Fonte: Sousa e Pires, 2012.

Assim, no que diz respeito à participação nos governos Lula e Dilma Rousseff, podemos seguramente afirmar que seus mecanismos foram mais utilizados pelos dois governos do que nos anteriores, especialmente na área de políticas públicas. No entanto, houve uma segmentação de fato dos dois governos em relação à participação na área de infraestrutura. Essa segmentação se acentuou no governo Dilma e acabou gerando conflito entre as áreas participativas e não participativas do governo federal. Entre as áreas não participativas ou que deixaram de ser organizadas participativamente, vale a pena mencionar o meio ambiente e, em particular, as decisões sobre obras de infraestrutura na Amazônia.

Os limites da participação social no nível federal

Até o início do governo Lula, houve um acúmulo de políticas participativas ligadas a movimentos sociais com presença marcante na origem do PT, como o orçamento participativo e as políticas participativas nas áreas de saúde e políticas urbanas. No entanto, já no início do governo Lula ocorre uma cisão desse campo com a tensão em relação às políticas participativas na área do meio ambiente. No que diz respeito aos movimentos sociais na Amazônia, Chico Mendes e Marina Silva fizeram parte do primeiro esforço de formação do Partido dos Trabalhadores e estabeleceram uma agenda, a das reservas extrativistas, que em um primeiro momento se tornou uma das principais do partido.[88] Com o início do governo Lula, foram instauradas no Ministério do Meio Ambiente agendas semelhantes que acabaram não se consolidando como as principais para o setor. Vale mencionar aqui as questões dos transgênicos e dos arranjos institucionais que resultaram das audiências da BR-163, que eram fundamentais para o movimento ambientalista e não se tornaram agendas do governo Lula. Essas demandas acabaram isoladas na pasta de meio ambiente.[89]

Algo parecido pode ser afirmado em relação à maneira como as administrações de Lula e Dilma se comportaram no que toca à questão indígena. O governo Lula se inicia com uma pauta progressista para essa questão, arrolando uma demanda importante, a demarcação da reserva indígena Raposa Serra do Sol. Essa é uma das maiores áreas indígenas do país e vinha sendo demarcada desde 1998 pelo Ministério da Justiça. Em 2004 e 2005, este assume a demarcação integral e contígua da reserva, que acaba sendo contestada pelo governo de Roraima. A confirmação da demarcação pelo Supremo Tribunal Federal (STF) é um dos episódios principais do início do governo Lula.

No entanto, quando setores agrários passam a fazer parte da base do governo, ocorre uma cisão em relação à política indígena.[90] A partir do governo Dilma, essa orientação genericamente a favor dos direitos indígenas começa a mudar quando um conjunto de grandes obras de infraestrutura, em especial para o setor de energia elétrica, é proposto para a Amazônia. Essas obras geram uma série de conflitos, na qual o principal está relacionado às audiências públicas para a construção da usina de Belo Monte, que envolvem tanto a questão de audiências públicas quanto a questão da consulta prévia, baseada na Convenção 169 da Organização Internacional do Trabalho (OIT).[91]

O conflito relacionado à construção da usina de Belo Monte tem sido o primeiro em torno de políticas participativas no Brasil implicando, de um lado, os movimentos sociais e, de outro, o governo petista. O governo federal realizou quatro audiências públicas para o licenciamento de Belo Monte, em 2009. Em todas, os principais conflitos ocorreram no interior de um campo até então homogeneamente participativo, envolvendo atores socioambientais, indígenas e Ministério Público de um lado, e a Eletronorte de outro. As audiências foram consideradas duvidosas pelo procurador-geral da República Rodrigo Costa e Silva sob dois aspectos fundamentais para uma teoria da participação: o primeiro foi o tempo de debate; o segundo foi a questão do critério da participação dos indígenas. Vale a pena lembrar que todas as audiências públicas relativas à usina de Belo Monte foram organizadas pela Eletronorte.[92]

Diversos elementos importantes para uma avaliação da participação social no Brasil emergiram no conflito em torno da construção da usina de Belo Monte. O primeiro enfrentamento importante foi entre a Eletronorte, o Ibama e os atores socioambientais, e indicou um distanciamento relativo entre o PT e o campo das políticas participativas para o meio ambiente. As audiências realizadas em Altamira e Belém expressaram muito bem esse novo posicionamento, com a tentativa de estabelecer uma política de maioria por parte de atores ligados ao governo federal e, em especial, à Eletronorte. Esses atores ligados a políticos locais da Baixa Amazônia foram os que prevaleceram nas audiências.

O segundo enfrentamento importante envolveu a maneira de consultar os indígenas em relação aos impactos ambientais da usina sobre suas terras. Esta é uma questão que se tornará cada vez mais relevante, à medida que novas obras de infraestrutura forem construídas na Amazônia. De um lado, o Brasil é signatário da Convenção 169 da OIT, que impõe a chamada "consulta prévia exclusiva". Não existem muitos casos de consulta prévia no Brasil, e alguns autores a consideram problemática do ponto de vista de uma teoria democrática, já que outorga direito de veto a essas populações. Por outro lado, a maneira como os indígenas foram "incluídos" nas audiências realizadas em Altamira e Belém sugere uma política de maioria inaceitável para os critérios de uma teoria do reconhecimento dos direitos das minorias.[93]

Também nesse caso se colocam claramente limites da própria forma de participação social desenvolvida no Brasil pós-democratização, em que se gesta um conflito entre atores sociais e formas de participação da população. Todos esses conflitos não constituíram apenas antecedentes das manifestações de junho de 2013: eles passaram a formar um novo campo da participação social, que acabou indo além do Partido dos Trabalhadores e dos seus governos. Desse modo, foi deixando de existir aquilo que podemos denominar de monopólio "de fato" da participação, vinculado a certo campo político. Esse campo abrangeu, desde a democratização até junho de 2013, um conjunto de movimentos sociais e atores sociais intimamente ligados ao PT.

A partir de 2013, ocorre a fragmentação e a pluralização do marco participativo. De um lado, reforçam-se atores de esquerda que já não pertencem ao campo petista, como é o caso do Movimento Passe Livre, que inaugurou as manifestações de junho. De outro, essa desinterdição do campo participativo leva às ruas atores conservadores, pela primeira vez desde 1964.

A reaparição desses atores conservadores em 2013, 2014 e em março, abril e agosto de 2015 muda o aspecto dos protestos. Com isso, duas redefinições importantes ocorrem na política brasileira: acentua-se a crise do presidencialismo de coalizão, em especial, da vertente que se opõe publicamente à corrupção, um tema clássico da classe média brasileira. Em segundo lugar, cria-se um polo participativo conservador que muda a agenda da mobilização, fenômeno que aparece na cena política a partir daí.[94]

A questão que se coloca é: como interpretar os limites da participação social nos últimos trinta anos? Arantes considera tratar-se de "uma mobilização movida a editais, ONGs oficiais, isso ou aquilo em rede, programas assim ou assado de alguma secretaria ou ministério (...) nesta espantosa fábrica de consensos e consentimentos em que o país se converteu".[95] Assim, tais como os limites do peemedebismo para Nobre, para Arantes, os limites da participação não são resultado da concatenação de ações políticas. Eles sempre estiveram lá, porque de alguma forma estavam conceitualmente equivocados, e a realidade, de alguma forma, reproduz os limites apontados pela teoria.

Tenho outra interpretação. O que Arantes chama de fábrica de consensos e de consentimentos não é nada mais que o funcionamento da democracia, por meio do qual as pessoas aderem ao pluralismo e à defesa de interesses. Nada há de errado com essa perspectiva, em que as pessoas não passam o tempo todo se manifestando, e o *continuum* proposto por Arantes entre as manifestações em São Paulo em 1917, as manifestações contra o autoritarismo em 1983 e os protestos de 2013 não expressam qualquer elemento comum da ação social e recebem apenas uma "pseudoconexão" ideológica. O que de fato preocupa são as exclusões incorporadas no papel de mobilização da sociedade. Nada existe de estrutural nessas exclusões, que foram explicitadas pela primeira vez nas manifestações de junho de 2013.

3. As manifestações de junho de 2013 e a ruptura do consenso participativo

As manifestações populares que ocorreram em junho de 2013 podem ser estudadas sob diversos ângulos. Alguns analistas com muito pouco conhecimento do país[96] ressaltaram o papel das redes sociais e de uma indignação geral nessas manifestações. Para Castells, tais mobilizações são internacionais e trazem ao Brasil características já vistas em outros lugares do mundo (Egito e Turquia). Assim, para o autor,

> (...) quando há qualquer pretexto que possa unir uma reação coletiva, concentram-se todos os demais. É daí que surge a indicação de todos os motivos – o que cada pessoa sente a respeito da forma com que a sociedade em geral, sobretudo representada pelas instituições políticas, trata os cidadãos. Junto a isso, há algo a mais. Quando falo do espaço público, é o espaço em que se reúne o público, claro. Mas, atualmente, esse espaço é o físico, o urbano, e também o da internet, o ciberespaço. É a conjunção de ambos que cria o espaço autônomo.[97]

Evidentemente, os aspectos apontados por Castells estiveram presentes nessas manifestações, mas certamente não constituíram o seu ponto fulcral nem explicam sua emergência. Na melhor das hipóteses, podem ser considerados elementos genéricos presentes em todas as formas de manifestação social, o que certamente não lhes fornece um carácter explicativo.

O ponto de partida das manifestações de junho foi a ruptura do campo político da participação social no Brasil, ocorrida entre 2011 e 2013 e descrita no capítulo anterior. Essa ruptura foi paulatina e se deu à medida que se acumularam conflitos de movimentos sociais, tais como o ambientalista e o indígena, com o governo federal. A motivação seguinte foi a aprovação da legislação para a Copa do Mundo, que gerou muitas críticas e a mobilização de organizações que lutam pela reforma urbana, que têm vínculos históricos com o Partido dos Trabalhadores e o governo. Por fim, há o conflito entre o Movimento Passe Livre (MPL) e os governos locais.

O MPL situa-se na mesma posição em relação aos governos do PT que outros movimentos como o ambientalista e pela reforma urbana. Ele surgiu como organização em 2005, tem militantes de diversos partidos de esquerda[98] e fez parte de um grupo de movimentos sociais que se afastou do governo, mas se manteve no campo da esquerda. O MPL se organizou oficialmente durante o Fórum Social Mundial de 2005, em Porto Alegre, e sua formação foi resultado de importantes mobilizações anteriores àquele ano pela democratização do transporte urbano. A Revolta do Buzu em Salvador em 2003 e a Revolta da Catraca em Florianópolis em 2004 são parte desse processo de formação.

Assim, quando o Movimento Passe Livre começou a se organizar em 2013 contra o aumento das tarifas do transporte público, tinha um histórico de mobilização, em particular em algumas cidades das regiões Sul e Sudeste, como Florianópolis e Campinas. Antes de junho daquele ano, também realizou mobilizações em Porto Alegre e São Paulo, entre outras cidades brasileiras, nenhuma muito significativa, sendo lícito supor que sua mobilização foi um catalisador das manifestações de junho, especialmente a partir da repressão policial a um protesto realizado na cidade de São Paulo no dia 7 de junho de 2013.

A partir daí é desencadeada uma onda de manifestações que só tiveram precedente na campanha das Diretas Já e nos caras-pintadas pelo impeachment do ex-presidente Collor. O elemento comum dessas campanhas foi a tendência a ocupar e democratizar o espaço público, simbolizada pelo desígnio de "ocupar as ruas". No capitalismo global em que vivemos, a rua é o único espaço que não tem nenhum controle econômico e nenhuma interpretação preconcebida. Esse é o único local onde a democracia pode ser exercida em sua plenitude.

Mas as diferenças entre as campanhas foram muito mais significativas e são de dois tipos. O primeiro reside no fato de as manifestações de junho terem rompido certo controle/bloqueio midiático, estabelecido fundamentalmente pela Rede Globo nos dois momentos anteriores. No caso das Diretas Já, a Rede Globo simplesmente ignorou a campanha até sua última semana, deixando de cobrir eventos tais como a primeira manifestação na Praça da Sé, ocorrida em janeiro de 1984. No caso do impeachment, a Globo cobriu seletivamente os acontecimentos, aderindo à campanha somente no final. Em junho de 2013, por sua vez, o controle midiático se subordinou a um processo que podemos chamar de *intermedia agenda setting*, ou seja, a mobilização mudou as autoridades das redes sociais, isto é, os sites mais consultados, e estabeleceu uma relação entre elas e os grandes grupos midiáticos formadores de opinião. Voltarei a esse ponto mais à frente.

A segunda mudança fundamental foi a ruptura do campo participativo e o fato de manifestações contra o PT e o governo também terem ocupado as ruas. Esse foi o fenômeno com maior impacto sobre o sistema político, já que em pelo menos duas situações anteriores – em 2005, com o escândalo do mensalão, e em 2011, durante o julgamento da ação penal 470 –, a oposição política no Brasil mostrou baixíssima capacidade de mobilização. O que mudou em 2013 foi a capacidade de convocação do Movimento Passe Livre, que certamente pertence ao campo acima mencionado, de romper certo monopólio ou certa interdição da mobilização social. A partir daí houve um espaço livre fragmentado e disputado que marcou as pautas e as reivindicações dos manifestantes.

No entanto, progressivamente, esse espaço passou a ser ocupado por movimentos conservadores, que, a exemplo de outros países do mundo, especialmente os Estados Unidos, estão também se articulando no Brasil. A seguir, serão apresentados, em primeiro lugar, quem foram os manifestantes de junho, suas reivindicações e a maneira como influenciaram a pauta política no Brasil.

As manifestações de junho de 2013: Movimentos e atores sociais

É difícil caracterizar quem são os atores que estiveram nas manifestações de junho de 2013. Do ponto de vista dos movimentos, o MPL e os diversos, Comitês Populares dos Atingidos pela Copa (COPACs), foram alguns dos que participaram inicialmente. Nesse caso, há uma relação entre os atores sociais que convocaram as primeiras manifestações e o campo político que tem ocupado as ruas e o espaço público no Brasil desde os anos 1980. Não há em um primeiro momento novidade, nenhuma diferença entre eles e o padrão de atores sociais que se mobilizam na sociedade brasileira desde o início dos anos 1990, talvez havendo uma única mudança, que é a faixa etária dos manifestantes. Em razão de suas reivindicações, os jovens foram os mais insuflados desde o início das mobilizações contra o aumento da tarifa do transporte público.

Quando passamos dos atores coletivos e movimentos para os atores individuais, temos outra perspectiva. Os manifestantes tinham as seguintes características socioeconômicas: a divisão entre ambos os sexos, 50% de cada um deles; 63% tinham entre 14 e 29 anos; 43% tinham curso superior completo; 24% declararam não trabalhar e 52% declararam estudar. Quando indagada a renda familiar, 23% declararam que tinham renda acima de dez salários mínimos.[99] Esses dados permitem uma caracterização: o perfil central dos manifestantes é composto pela classe média, principalmente pelos filhos desta. É possível que esses dados variem regionalmente, mas dados regionais não estão disponíveis para análise.

Vale a pena fazer uma comparação entre esse perfil e o dos membros de políticas participativas, com base em pesquisas aplicadas em diferentes momentos com integrantes do Orçamento Participativo em Porto Alegre e em uma amostra dos participantes das conferências nacionais. Essa comparação mostra, em primeiro lugar, uma grande diferença de renda e escolaridade.

Tabela 3 — Atores sociais das diversas formas de participação no Brasil.

Tipo de evento	Renda média dos participantes	Média de escolaridade dos participantes	Sexo dos participantes
OP Porto Alegre (1998)	2 a 5 salários mínimos (34,4%)	Até 8 anos (46,1%)	Mulheres (51,4%)
Conferências nacionais (2010)	1 a 4 salários mínimos (52,2%)	Até 8 anos (38,1%)	Mulheres (51,2%)
Manifestações de junho de 2013	Mais de 10 salários mínimos	Ensino superior completo (43%)	Mulheres (50%)

Fonte: Avritzer, 2002 e 2010, e Ibope, 2013.

É notável o enorme contraste entre os manifestantes de junho e os participantes clássicos das políticas participativas no Brasil. Em termos de renda, enquanto os participantes do OP Porto Alegre estão na média de renda da cidade e os participantes das conferências nacionais estão praticamente no mesmo patamar, aqueles que fizeram parte das manifestações de junho de 2013 se situam no quartil superior de renda no país. Tal constatação implica perceber que não existe apenas no campo da participação social uma ruptura do campo político, mas também uma mudança no tipo de ator que se manifesta, o que será mais bem explicitado no Capítulo 5. Vale a pena, no entanto, entender como esse ator se mobilizou e ocupou o espaço público.

Manifestações de junho: Espaço público e mídia

Desde o final dos anos 1980, o espaço público no Brasil tem uma forma única de organização. De um lado, um domínio completo do espaço midiático por um grande emissor de informação, a Rede Globo, que além do controle da televisão exerce grande influência nas rádios e na mídia impressa. De outro, uma organização alternativa da informação muito tímida que, apesar disso, consegue em momentos pontuais estabelecer presença na rua e pautar a mídia tradicional. Isso ocorreu na campanha das Diretas Já e do impeachment de Collor. Podemos dizer que esse é o panorama da informação pública até o surgimento da internet, que não deixou de reproduzir tal padrão se pensarmos quais eram as principais autoridades da web no início de junho de 2013. Por autoridade entendemos os nós das redes sociais que apontam para *hubs* e têm suas notícias mais replicadas.[100]

No dia 6 de junho, os sites mais acessados no Brasil eram: o portal do *Estadão*, seguido pelos perfis de redes sociais do Movimento Passe Livre, Anonymous Brasil, Mídia Ninja e os sites da *Carta Capital* e de *O Globo*.[101] Ainda há uma fortíssima presença da mídia tradicional pautando a circulação de notícias na internet no Brasil nesse momento. No entanto, já há também uma relativização desse papel, com a presença das mídias alternativas e independentes entre as grandes autoridades.

A mobilização nas redes sociais relativiza o papel da grande imprensa, desde que a TV aberta não seja considerada um ator no espaço público, tal como a Globo não foi até pelo menos o dia 10 de junho, quando alguns dos seus comentaristas abordavam o MPL de forma claramente negativa, como foi o conhecido caso de Arnaldo Jabor, na CBN e no Jornal Nacional. É justamente nessa situação que emergiu certo pluralismo midiático que permitiu que as manifestações não fossem apropriadas pela grande imprensa, seja na sua pauta, seja na sua convocação, mas se constituíssem em um universo mais plural de demandas e reivindicações, em seu primeiro momento, tal como mostra o Quadro 2.

Quadro 2 — Principais autoridades na internet em 6 de junho de 2013.

1	*Estadão*
2	Movimento Passe Livre São Paulo
3	Anonymous Brasil
4	Mídia Ninja
5	*Carta Capital*
6	*O Globo*

Fonte: <interagentes.net>.

Não é difícil, com base nesses dados, interpretar o que ocorreu no mês de junho de 2013. A partir de uma inserção positiva na internet e na formação da opinião pública, foi possível conectar esse movimento com as ruas, que foram completamente ocupadas após repressão policial da manifestação do dia 13 de junho em São Paulo. Todo movimento social se organiza a partir de um evento ou ato simbólico o qual canaliza adesões muito mais fortes do que o campo político que esse movimento consegue mobilizar.[102] No caso de junho de 2013, a repressão brutal dos manifestantes pela Polícia Militar de São Paulo mudou as manifestações de patamar.

A partir daí diversas manifestações ocorreram em capitais do Sul e do Sudeste, com destaque para Rio de Janeiro, Belo Horizonte e Brasília. Os protestos ainda seguiam, até esse momento, a lógica dos processos participativos pós-democratização. Eram manifestações relativamente pequenas lideradas pelo Movimento Passe Livre ou pelos COPACs. Se examinarmos o tráfego de notícias e posts na internet do período, alguns dos sites citados também adquiriram maior centralidade. Assim, entre os fenômenos importantes em relação à participação social que apontamos no capítulo anterior, apenas um deles ocorreu até o dia 17 de junho, ou seja, a perda do controle sobre as manifestações, tanto do governo federal quanto dos estaduais e municipais, que até aquele momento se situavam em um campo claramente de esquerda, com as manifestações abarcando as demandas de passe livre e não repressão policial.

No dia 17 de junho temos uma reviravolta nessa dinâmica, provocada por uma mudança de escala na participação. Nesse dia, ocorrem grandes aglomerações em diversas cidades brasileiras: 100 mil pessoas se manifestam no Rio de Janeiro, onde ao final ocorrem os primeiros conflitos de rua, em frente à Assembleia Legislativa; mais de 30 mil pessoas se reúnem em Belo Horizonte; e no mesmo dia ocorre a ocupação da rampa e da cobertura do Congresso Nacional, em Brasília. No dia 20 de junho ocorrem novamente enormes manifestações no Rio de Janeiro, São Paulo e Belo Horizonte, todas envolvendo violentos embates com a polícia.

As manifestações que ocorreram entre os dias 17 e 20 de junho modificaram a dinâmica do movimento. Três novas dinâmicas emergem nesse período. A primeira é de perda do controle do MPL e dos COPACs sobre as manifestações. À medida que os protestos cresceram, deixaram de ter a liderança de grupos de esquerda fora do campo petista para não terem lideranças. No dia 17 de junho, em São Paulo foram proibidas bandeiras de partidos na manifestação,[103] evidenciando a falta de controle e uma passagem da pluralização para a polarização, que se mantém até hoje no país.

A perda do controle das manifestações por lideranças do MPL e COPACs se expressa de duas formas adicionais, a saber, com a ascensão de alguns sites de agenda abertamente conservadora entre as autoridades da internet, tais como o Movimento Contra a Corrupção Acorda Brasil. Esse movimento já expressa uma questão que se colocará na conjuntura política depois de 2013: a seletividade na luta contra a corrupção que ignora determinados casos e foca nos elementos que comprometem o PT, uma questão que abordaremos no próximo capítulo. O próprio MPL percebeu essa perda de controle sobre o movimento e a sua agenda e anunciou no dia 21 de junho que não convocaria novas manifestações e que era contra a hostilidade aos partidos de esquerda.[104] Assim, o período entre 17 e 21 de junho é de quebra do monopólio de esquerda sobre a participação. Essa quebra ocorre em duas etapas, uma primeira na qual se rompe o controle sobre o espaço público pelo governo e um segundo momento no qual o controle de um campo de esquerda amplo sobre o espaço público é quebrado. No Capítulo 5, vamos discutir as consequências dessa quebra para a democracia e o governo de esquerda no Brasil.

A segunda nova dinâmica é a da diferença de conduta dos movimentos em cada local, como São Paulo, Rio de Janeiro e Belo Horizonte, entre outras cidades. O caso paulista é o mais discutido e parece claramente corresponder às duas etapas acima descritas, tendo sido tomado por uma reação conservadora num segundo momento.

Nesse sentido, são completamente precipitadas análises como a de Paulo Arantes, que consideram junho uma rebelião puramente popular. Essas análises ignoram elementos fundamentais do período, como a reação à política e aos partidos, que expressa uma despolitização/metapolitização, parte de um argumento conservador que acabou se expressando claramente na cidade de São Paulo em 2014 e 2015.

Tudo indica que o Rio de Janeiro teve uma dinâmica diferente, com uma participação menor do Movimento Passe Livre, certa presença do crime organizado nas manifestações e uma dinâmica de saques que não ocorreram nas outras cidades. As manifestações do Rio acabaram centradas fortemente no ataque ao governador, cuja liderança política não foi capaz de sobreviver às manifestações. Por fim, o caso de Belo Horizonte parece ser aquele no qual o movimento consegue manter uma liderança de esquerda por mais tempo, com as assembleias horizontais que lhe seguiram. Em todas as cidades, houve vitórias em relação à reversão do aumento das tarifas de ônibus, mas eu sustentaria que as consequências políticas foram diferentes em cada município, tendo gerado um vigoroso movimento conservador na cidade de São Paulo que repercutiu eleitoralmente em 2014 e continua repercutindo em 2015.

Por fim, a terceira dinâmica, ainda incompleta, diz respeito à mídia e à opinião pública. As manifestações de junho foram o primeiro evento público que questionou na raiz o controle do espaço midiático. Ela o fez porque os participantes não só questionaram o espaço midiático, algo que já havia sido feito pela campanha das Diretas Já e pelo impeachment de Collor, mas principalmente porque os participantes já se orientavam por mídias alternativas. Tanto os sites e os perfis de movimentos como o MPL e o Anonymous Brasil passaram a ser os mais acessados e tentaram colocar as pautas principais do movimento (conferir Quadro 3). Além disso, órgãos como o Mídia Ninja adquiriram centralidade na cobertura do movimento.

Quadro 3 — Maiores autoridades na internet no dia 21 de junho de 2013.

1	Anonymous Brasil
2	Movimento Contra a Corrupção
3	*Última Hora*
4	Isso É Brasil
5	A Verdade Nua & Crua
6	A Educação é a Arma para Mudar o Mundo
7	Rede Esgoto de Televisão
8	*Estadão*

Fonte: <interagentes.net>.

Tais fatos geraram uma pluralização midiática que foi importante e que explica a orientação das manifestações em torno de agendas progressistas como o passe livre e a democratização das obras da Copa. Mas essa orientação progressista não sobreviveu à entrada dos atores conservadores, que se aliaram à mídia televisiva e produziram outra agenda. Ainda durante o mês de junho e principalmente depois do fim dos protestos, a interpretação da grande mídia passou a prevalecer e foi o que determinou uma concepção convencional das manifestações como um protesto contra o governo federal ou contra o governo Dilma.

Temas, agenda e relação dos manifestantes com o Estado

É interessante, com base nessa amostra dos grandes divulgadores do movimento na internet, analisar quais foram as principais reivindicações e temas que apareceram na web naquele momento e como o governo Dilma foi paulatinamente tornando-se o centro dos protestos. Em um primeiro momento, do início de junho até o dia 17, a reivindicação central é a ideia da redução da tarifa de ônibus e a demanda pelo passe livre, se tomamos como base os dados para o dia 7 de junho da plataforma *Causa Brasil*, que sistematizou os dados de mais de 1,2 milhão de postagens nas redes sociais.[105]

De acordo com esses dados, as principais demandas no dia 7 de junho eram: preço das passagens, democracia, qualidade do transporte público, postura da polícia e governo Dilma Rousseff. Essa é a origem dos protestos, que surgiram em um campo de esquerda semipetista ou pós-petista e envolveram militantes de diferentes movimentos da juventude, quase todos de esquerda com uma agenda de democratização do acesso ao transporte público e críticas ao sistema político.

Tais críticas, em quase todos os casos, estavam relacionadas ao que podemos denominar de forma da democracia, isto é, uma crítica à maneira como o governo federal e, em especial, o Congresso Nacional vêm governando o país por meio de acordos para a nomeação de cargos políticos. Assim, do ponto de vista temático, as manifestações de junho, na sua primeira semana, seguiram a lógica do que eu denominaria "fissuras do campo participativo", no qual as críticas e a agenda participativa ocorrem dentro do próprio campo da participação social, tal como definido no capítulo anterior.

Figura 3 — Descrição dos temas das redes no Brasil em 7 de junho de 2013.

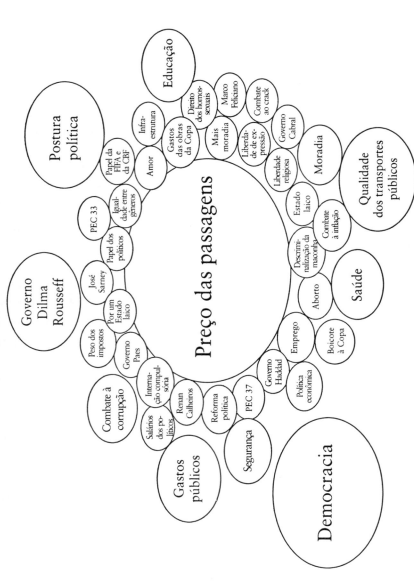

Fonte: <http:www.causabrasil.com.br>.

À medida que o mês de junho avançou, a fissura se transformou em fragmentação de agendas, algumas com conteúdo progressista e outras claramente regressivas ou conservadoras, que são a expressão da redução da presença dos organizadores do movimento nas redes sociais, paulatinamente substituídos por um conjunto plural e despolitizado de sites e perfis da internet, tal como mostra a Figura 3.

No momento em que esses são os sites/perfis mais procurados, também mudam radicalmente os temas e sua centralidade. A partir do dia 17 de junho houve um deslocamento do tema do preço das passagens, substituído por cinco outros com expressão muito semelhante: o governo Dilma, gastos das obras da Copa, a segurança pública, saúde e educação. Nesse momento, não ficaram claras quais eram as pautas principais do movimento e mesmo quais eram as suas lideranças. Assim, ao final de junho tínhamos uma tripla constelação um pouco problemática que levou a um impasse no movimento.

Essa constelação foi constituída pela perda completa da centralidade dos sites de notícia na internet, pela entrada de sites/perfis conservadores na convocação de manifestações, e pela retirada do Movimento Passe Livre da convocação dessas manifestações (ainda que tenha voltado atrás um pouco depois). Essa nova constelação alterou fortemente a maneira como as notícias sobre o movimento circularam. A Figura 4, a seguir, é um retrato dos temas que circularam na internet nos últimos dias de junho e nos primeiros dias de julho. Aqui notamos os seguintes fenômenos: pluralização dos temas, alguns sem conexão com outros, por exemplo, segurança com gastos da Copa; e migração de questões relacionadas ao governo Dilma para o centro das atenções. Foi nesse momento que quase tivemos no Brasil uma onda antipolítica seguindo-se a uma forte politização da rua.

A partir do final de junho acentua-se uma terceira fase nas manifestações e na agenda política, com a reação da presidenta

Dilma Rousseff, por meio do seu pronunciamento na televisão, no dia 21 de junho. O pronunciamento da presidenta influenciou a tendência das postagens e estabeleceu uma nova relação entre mídia e internet. Dilma passou a pautar mais fortemente uma repolitização do movimento, que se expressou no pronunciamento, no recebimento das lideranças do MPL e na reunião com os governadores.

Os três eventos conjuntamente marcaram uma readequação da pauta e das autoridades da internet que foram relevantes a partir dos últimos dias de junho. No que diz respeito às autoridades da internet, o site Interagentes não tem dados para esse período, ainda que possamos supor que houve certa reacomodação da relação entre sites/perfis independentes e sites/perfis de alguns dos grandes órgãos de imprensa.

No que diz respeito aos temas que circularam na internet, percebemos um movimento interessante. O governo Dilma sai do centro das postagens, que passou a ser ocupado por temas políticos ou de políticas públicas, tais como educação, saúde, papel dos partidos e combate à corrupção. Assim, depois de um período de fragmentação das mensagens e de despolitização dos temas, temos um retorno a demandas e mensagens políticas.

Delineados os temas e grandes agendadores de junho, é possível fazermos uma análise dessas manifestações. Seu início definitivamente está ligado a uma fissura no campo político da participação hegemonizado pelo PT desde a redemocratização. O tema do preço das passagens esteve no centro das manifestações até 17 de junho, junto de outros como uma preocupação com a democracia e com a repressão da polícia. O governo Dilma aparecia, nesse momento, como tema secundário. Os sites/perfis que melhor expressavam o movimento eram independentes e sites de informação, característica completamente compatível com a natureza inicial do movimento.

Figura 4 — Descrição dos temas das redes no Brasil no dia 30 de junho de 2013.

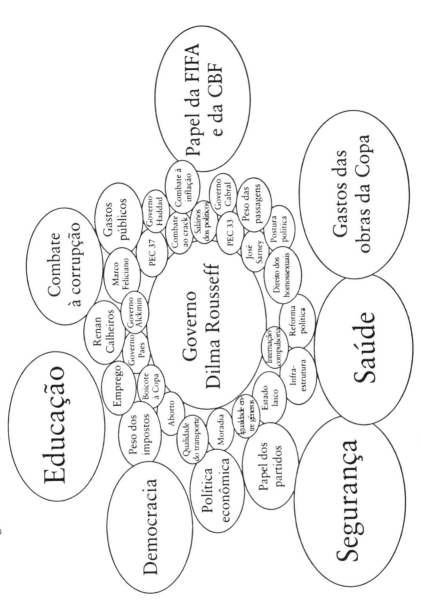

Fonte: <www.causabrasil.com.br>.

Figura 5 — Descrição dos temas das redes nos dias 5 e 6 de julho de 2013.

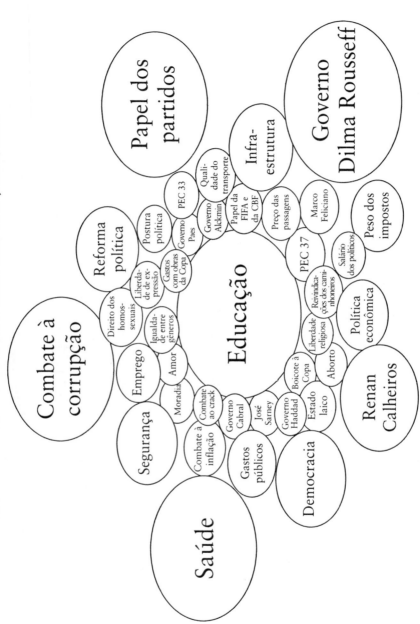

Fonte: <www.causabrasil.com.br>.

A mudança na agenda a partir da terceira semana de junho é clara e envolve dois processos: o de fragmentação dos temas e o de pluralização das autoridades que geraram as notícias na internet. A partir daí ocorre um divisor de águas na política brasileira, que cria um novo momento na democratização. Rompe-se uma interdição das manifestações de fundo conservador, que não ocorriam desde 1964. Instala-se uma agenda ofensiva em relação ao governo Dilma que não reflui mesmo após a reeleição dela, em outubro de 2014, e que é reforçada a partir de março de 2015. A agenda da corrupção a partir de um corte conservador torna-se a pauta dos setores conservadores no país, tal como mostrarei no próximo capítulo. O único saldo à esquerda das manifestações de junho foi o da pluralização midiática, que, mesmo assim, ainda é insuficiente para um projeto de democratização do espaço público no Brasil.

A lição que fica das manifestações, tanto para o sistema político quanto para a opinião pública, pode, talvez, ser resumida da seguinte forma: há uma enorme insatisfação no Brasil ligada a diversas agendas, algumas progressistas e outras conservadoras. As agendas conservadoras são: a infraestrutura urbana vista sob a ótica das vias públicas; o baixo nível dos serviços de saúde e educação, vistos sob a ótica de uma classe média recentemente expulsa dos serviços privados de saúde e educação; e principalmente a corrupção vista sob a ótica de uma agenda despolitizada que nega a relação entre corrupção e organização do sistema político e a atribui ao governo petista. Existe também uma agenda progressista, que tem como centro a mobilidade urbana e a melhoria dos serviços de saúde e educação no setor público, mas que de alguma maneira perdeu o apoio da classe média da região Sudeste desde junho de 2013.

Vale a pena, antes de encerrar este capítulo, fazer um breve diagnóstico das manifestações de março de 2015, que repetiram e acentuaram alguns padrões de junho de 2013. Em primeiro lugar, acentuaram o padrão de manifestações com marcante presença da classe média. Nas manifestações de junho, as pessoas identificadas com a classe média através de um critério de renda representavam

IMPASSES DA DEMOCRACIA NO BRASIL

23% dos participantes. O número cresceu nas manifestações de março de 2015 e alcançou a marca de 41%.

O segundo padrão acentuado é de protestos com pauta conservadora. Durante as manifestações de junho de 2013, houve pautas conservadoras mas também progressistas. Em 2015 as agendas conservadoras se acentuaram, a questão da corrupção identificada fortemente apenas com o governo apareceu como tema fundamental, sem problematizar aspectos como o financiamento de campanhas eleitorais ou as relações entre grandes empreiteiras e obras públicas.

No próximo capítulo, farei um balanço do combate à corrupção no Brasil para mostrar como esta acabou identificada com o partido que tinha o programa mais sofisticado de combate à sua prática.

4. A corrupção e a democracia

Ainda nos 1960, era possível ganhar eleições no Brasil com o slogan informal "rouba, mas faz". Mesmo nos anos 1970, histórias sobre a corrupção e a certeza da impunidade faziam desta uma prática completamente instituída no sistema político. Mas a Constituição de 1988 e a criação de alguns novos formatos institucionais começaram a virar o jogo. A nova lei orgânica do Tribunal de Contas da União (TCU) permitiu-lhe interromper obras com suspeitas de infração. A criação da Controladoria-Geral da União (CGU), em 2002, e a sua ampliação posterior possibilitaram a correção de erros da administração pública antes que eles se tornassem irreversíveis. A Polícia Federal (PF), fortemente reaparelhada no governo Lula, começou a realizar operações integradas que apresentaram excelentes resultados no combate à corrupção. Ainda assim, há um sentimento de que esse tipo de crime aumentou no Brasil, e é difícil avaliar os avanços no combate à corrupção ocorridos desde 1988.

De um lado, assistimos à aparição de seguidos escândalos de corrupção desde o início dos anos 1990. O impeachment do ex-presidente Collor, a Comissão Parlamentar sobre o Orçamento, as denúncias de compra de votos no Congresso para a instituição da reeleição durante o governo Fernando Henrique Cardoso, o mensalão e o caso Petrobras, revelado pela Operação Lava Jato, da PF, que ocorre no momento em que este livro é escrito, estão entre os principais escândalos da política brasileira desde a redemocratização. Sua divulgação aumentou a percepção acerca da gravidade da corrupção no Brasil, visto que 73% dos brasileiros a consideram um fenômeno muito grave. Temos, portanto, uma significativa mudança de opinião na sociedade brasileira sobre a corrupção, um dos males gerados pela forma equivocada de financiamento do sistema político brasileiro. Como analisá-la e como pensar o seu impacto sobre a democracia brasileira?

O sistema político brasileiro, no que diz respeito à sua organização eleitoral, passou por poucas alterações durante o processo de elaboração da Constituição de 1988. O governo autoritário instituído em 1964, em vez de suspender o funcionamento das instituições políticas, reformou-as estabelecendo um conjunto de distorções, entre as quais a mudança na proporcionalidade das representações estaduais, o aumento do número de membros do Congresso Nacional e a implantação de critérios políticos na divisão de recursos do orçamento da União.[106] Todos esses elementos levaram a uma lógica de financiamento do sistema político com recursos informalmente "públicos" que não foi desfeita durante a elaboração da Constituição de 1988.

Ao mesmo tempo, o sistema proporcional implantado criou o presidencialismo de coalizão e desde então as negociações para a conquista de maiorias no Congresso Nacional têm como moeda de troca recursos públicos alocados no orçamento da União ou a distribuição de cargos nos ministérios. O resultado é um conjunto de negociações no interior do Congresso que favorece casos de corrupção e caixa dois. Todos esses fenômenos têm levado a uma drástica queda de confiança da opinião pública em relação à legitimidade do Poder Legislativo.

Cultura e combate à corrupção

Alguns autores têm analisado a incidência da corrupção no sistema político brasileiro como consequência natural da sociabilidade brasileira.[107] Para esses autores, elementos ligados à própria herança ibérica e às práticas portuguesas no período colonial[108] criaram um modelo de relação entre público e o privado que marca a nossa política. Eles estabelecem uma linha unívoca de desenvolvimento político que tornaria a corrupção inevitável.

Tal análise nos parece duplamente equivocada, tanto no que diz respeito à percepção da cultura quanto no que diz respeito ao entendimento da política. A interpretação da cultura política vigente no país tal como esses autores a fazem simplifica a disputa pela articulação da cultura. No lugar de apontar para a disputa entre concepções diferentes da política, algumas permeadas pela tolerância da corrupção e outras fortemente críticas do mesmo fenômeno, a análise da naturalidade da corrupção transforma a disputa política em um aspecto natural da cultura brasileira. No que diz respeito a uma concepção de política, essa visão ignora o esforço de aprimoramento institucional que vem sendo introduzido desde o início dos anos 1990, com a instauração de novos organismos de controle e seu efeito sobre a corrupção, como a Lei Orgânica dos Tribunais de Contas, a criação da Controladoria-Geral da União e as profundas mudanças na estrutura da Polícia Federal.

A corrupção não é cultural, e envolve a capacidade das instituições de coibir o fenômeno e punir aqueles que insistem em praticá-lo. Sua incidência aumenta ou diminui a partir de uma inter-relação entre política e cultura. Dessa maneira, continuidades em certo padrão cultural afetam o sistema político, tal como mudanças em um padrão de organização política comprometem o sistema de crenças e valores.[109] Nessa inter-relação, vale a pena prestar um pouco mais de atenção para ambiguidades na cultura política brasileira em relação à corrupção. O país e sua opinião pública mudaram muito e hoje condenam desvios de verba e abusos de poder por parte de funcionários públicos, mas mantêm ambiguidades em relação a outras práticas de apropriação privada de bens e espaços públicos.

Os *surveys* aplicados pelo Centro de Referência do Interesse Público (CRIP), baseado na Universidade Federal de Minas Gerais

(UFMG) em 2008 e 2009, expressam bem essa dimensão.[110] Uma bateria de perguntas que dizem respeito à relação entre corrupção e hábitos políticos nos trouxe algumas respostas bastante contenciosas. Quanto mais a pergunta diz respeito a um posicionamento moral exterior em relação à corrupção, maior é a rejeição da prática. Nesse sentido, os indivíduos entrevistados rejeitam a ideia de que a honestidade é relativa ou que é impossível fazer política sem corrupção. Mesmo quando passamos desse tipo de posicionamento mais geral para um posicionamento que envolve práticas que são ou, pelo menos, já foram comuns na sociedade, encontramos um posicionamento bastante coerente. Por exemplo, nas perguntas que envolvem a incidência da corrupção entre as pessoas mais pobres ou as pessoas da família, também encontramos um posicionamento contrário.

Ao perguntarmos aos entrevistados qual a opinião deles sobre a incidência da corrupção em algumas situações, recebemos a resposta "sempre existe a chance de a pessoa ser honesta" de 58% dos entrevistados. Para a pergunta "não tem jeito de fazer política sem um pouco de corrupção", os respondentes manifestam forte discordância (apenas 16% concordam totalmente com a afirmação).

Podemos afirmar que há, talvez pela primeira vez na história recente do Brasil, certa superposição entre ações de combate à corrupção instituídas pelo Estado e elementos selecionados na cultura. A vigência de instituições como o TCU e a CGU conduz a uma reavaliação do papel da corrupção no sistema de valores culturais. Nesse caso, não se trata do elogio da esperteza nem de considerar a corrupção funcional, no velho sentido do "rouba, mas faz". Trata-se, pelo contrário, de perceber uma alteração, ainda que incipiente, do sistema de valores em vigor. Essa superposição, que é fortemente desejável, conduz a um problema que terá de ser tratado pelo sistema político, a saber, uma tolerância muito menor a práticas corruptas e uma valorização das instituições a partir desse padrão.

Figura 6 — Concordância com algumas ideias sobre corrupção.

⊞ Concorda totalmente ⠿ Concorda em parte ■ Não concorda nem discorda
▨ Discorda em parte ☐ Discorda totalmente ◉ NS/NR

%

Para diminuir a corrupção, estão faltando novas leis, com penas maiores e mais duras	66	17	10	4 2	1
Se as leis fossem cumpridas e não existisse tanta impunidade, a corrupção diminuiria	65	19	10	3 2	1
Em qualquer situação, não interessa qual, existe sempre a chance de a pessoa ser honesta	58	21	15	2 3	1
Se você ficar sabendo de algum esquema de corrupção, deve sempre denunciar às autoridades	46	25	17	4 6	3
Corrupção e honestidade vêm de berço: ou a pessoa é corrupta ou não é	33	17	22	10 16	2
Não tem jeito de fazer política sem um pouco de corrupção	16 12	19	18	32	3
Qualquer um pode ser corrompido, dependendo do preço que for pago ou da pressão que for feita	16 13	24	17	27	2
O conceito de honestidade é relativo, depende da situação	15 17	26	14	24	4
Em algumas situações, é bobagem a pessoa não entrar em um esquema de corrução, pois se ela não entrar, outro entra	15 12	20	18	34	2
Algumas coisas podem ser um pouco erradas, mas não são corruptas, como sonegar algum imposto, quando ele é caro demais	13 16	26	18	25	3
Se estiver a pessoa necessitada e um político oferecer benefícios em troca do voto, não está errado a pessoa aceitar	11 11	23	19	35	2
Dar dinheiro ao guarda para escapar de uma multa não chega a ser um ato corrupto	11 12	18	16	41	1
Se for para ajudar alguém muito pobre, muito necessitado, não faz mal um pouco de corrupção	10 11	25	19	33	2
Se for para proteger alguém de sua família, está certo fazer alguma coisa um pouco corrupta	9 12	25	20	32	3

Base 2.400

Fonte: Centro de Referência do Interesse Público; Vox Populi.

Sistema político e corrupção: Um breve balanço

Análises clássicas do sistema político brasileiro apontam sua fragmentação, desorganização, infidelidade partidária e indisciplina como fenômenos recorrentes.[111] O sistema político vigente até 1964 tinha uma fraca consolidação partidária se comparado com outros países da América Latina como a Argentina, o Chile e o Uruguai, que tinham um sistema de competição partidária bastante consolidado já nesse período.[112] Os dois partidos hegemônicos no Brasil pré-1964 tiveram, ao longo desse período, uma fraca hegemonia sobre o sistema partidário como um todo.[113]

IMPASSES DA DEMOCRACIA NO BRASIL

Esses fenômenos relacionados com o sistema político vigente entre 1946 e 1964 teriam se acentuado depois da implantação do autoritarismo, devido às regras de funcionamento do sistema político que vigoraram depois de 1964.[114] O reforço de uma lógica clientelista no seu interior teria ressaltado características da competição política que não foram modificadas pela Constituição de 1988.[115] Marcos Nobre defende a tese de que o clientelismo acentuou o seu peso na política brasileira em virtude da lógica de abrigar todos os políticos possíveis no partido de oposição.[116]

As consequências desse fenômeno para a democracia produzem divergências. Para alguns analistas, "os últimos 15 anos da política brasileira, somados à experiência pluralista do período 1946-1964, mostram que as instituições políticas do país criam uma crise de governabilidade de efeitos devastadores em épocas normais capaz de debilitar até mesmo presidentes".[117] Os pontos principais desse diagnóstico são a fraqueza do presidente em suas relações com o Poder Legislativo e a vulnerabilidade do próprio Congresso. Esse diagnóstico não é, no entanto, corroborado pelo conjunto da ciência política brasileira, particularmente no que diz respeito à capacidade de governar. Limongi e Figueiredo afirmam a esse respeito que o importante na análise dos governos é a taxa de sucesso da aprovação de propostas no Legislativo.[118] Nesse caso, o sistema político brasileiro pós-Constituição de 1988 pode ser considerado exitoso.

Defendo a ideia de que o Executivo brasileiro possui capacidade de governar, mas pagando por isso um alto preço, que compromete a sua capacidade administrativa e a reputação do Congresso Nacional e, eventualmente, a governabilidade. Todos esses problemas se manifestaram sobremaneira no governo Dilma.

Já no primeiro mandato, a capacidade do Executivo de aprovar suas propostas no Congresso diminuiu. O governo foi derrotado em algumas votações fundamentais, como a do Código Florestal, e enfrentou dificuldades em outras, como a da modernização dos portos. Assim, começa a se expressar uma tensão entre o Executivo e o Legislativo, que atinge o seu auge na eleição de Eduardo Cunha para a presidência da Câmara dos Deputados, em fevereiro de 2015. A partir deste episódio, ficou clara a incapacidade da presidenta de manter o poder de agenda em relação ao Legislativo. Assim, o fenômeno mais importante que se anuncia no segundo mandato de Dilma Rousseff é de uma intolerância da opinião pública em relação à corrupção na base aliada e à total incapacidade do Executivo de agendar o Legislativo ou colocar limites às práticas clientelistas – fatos que comprometem fortemente a governabilidade.

No primeiro ano de governo, Dilma Rousseff demitiu sete ministros ligados aos seguintes partidos: o próprio PT, o PR, PP, PMDB, PCdoB e PDT. De nada adiantaram as demissões, já que na maior parte dos casos, como o da Conab, ou do Ministério dos Esportes, ou do Trabalho, o que havia e continuou havendo eram máquinas políticas instaladas nos ministérios arrecadando fundos para financiamento de campanha. Já no segundo ano do governo Dilma, começaram a irromper denúncias de corrupção ligadas à Petrobras e ocorreu a demissão de Paulo Roberto Costa, em abril. Ainda, assim, continuaram a surgir denúncias que se provaram verdadeiras a partir do desencadeamento da Operação Lava Jato, da Polícia Federal.

Não é difícil perceber o problema enfrentado pela presidenta e o seu partido no presidencialismo de coalizão. A partir da estruturação, no interior do Estado brasileiro, de instituições de controle e combate à corrupção, a discussão sobre a legitimidade das formas de negociação próprias ao presidencialismo de coalizão se tornou mais intensa. No caso do governo do PT, tal como apontei no Capítulo 1, o problema de legitimidade foi duplo, porque tanto atingiu a base partidária quanto fortaleceu o discurso da oposição. Discutirei essa questão nas próximas seções.

Instituições de controle e combate à corrupção

Três instituições de controle foram criadas pelo Estado brasileiro a partir de 1988 e têm desempenhado um importante papel na limitação da corrupção – TCU, CGU e PF. O Tribunal de Contas da União foi instituído pela Constituição de 1891 e já no momento de sua criação lhe foi atribuída a tarefa de decretar a legalidade ou ilegalidade dos gastos realizados pelo Tesouro Nacional, antes que estes fossem analisados pelo Congresso. No entanto, apenas a partir de 1992 de fato passou a exercer esse papel, ainda que o Código Penal de 1940 já tivesse elencado penas para a improbidade administrativa. A partir de 1992, as seguintes atribuições foram dadas ao órgão pela respectiva lei orgânica: sua autonomia e jurisdição para julgar as contas públicas, a instituição da tomada de contas especial, que originalmente é de 1967 mas foi reforçada e ampliada pela lei de 1992, e a interdição de obras no caso de suspeita de corrupção ou superfaturamento. Esses três institutos tornaram o TCU muito mais ágil e permitiram que milhares de gestores públicos fossem interditados em sua capacidade de gerir contas públicas. Entre todos os órgãos de controle, o TCU é o mais próximo do sistema político, já que os seus ministros foram quase todos membros do Congresso Nacional. Não por acaso, o TCU se converteu a partir do final do primeiro semestre de 2015 em uma das arenas principais da luta política em curso a partir de um parecer do ministro Augusto Nardes sobre as contas do governo Dilma em 2014 e os empréstimos informais realizados por bancos públicos, BB e Caixa ao Tesouro Nacional, popularmente conhecidos como "pedaladas fiscais". O parecer de Nardes foi aprovado por todos os ministros do TCU em outubro de 2015.

A Controladoria-Geral da União, por sua vez, foi um importante adendo ao sistema de controle, já que inseriu, no interior do Poder Executivo, a capacidade de identificar omissões ou malfeitos em curso e de avocar para si o controle desses atos. Assim, deixamos de ter no Brasil uma arquitetura de exame de prestação de contas *post-factum* para termos uma estrutura de controle das despesas em andamento.

Por fim, a maior transformação no Brasil nos últimos anos foi a introdução das operações integradas da Polícia Federal, que passaram de 15 em 2003, ano no qual Lula assumiu a Presidência da República, para 288 em 2009. As operações integradas da Polícia Federal cumpriram o papel de integrar as estruturas de combate a crimes, entre os quais se destaca a corrupção.

O desenvolvimento das estruturas de prestação de contas e de punição no Estado brasileiro é reconhecido e aprovado pela opinião pública. Nos dois *surveys* que aplicamos, averiguamos a opinião da população em relação a essas novas instituições de controle público da corrupção. Há uma diferenciação na maneira como se entende o papel das diferentes instituições do Estado no processo de combate aos malfeitos. Perguntamos aos entrevistados sua opinião sobre o papel desempenhado por três instituições – PF, Poder Judiciário e CGU – no combate à corrupção (conferir Figura 7).

As instituições listadas pertencem a diferentes ramos dos três poderes; a Polícia Federal tem uma relação inequívoca com o Poder Executivo, ainda que exerça o papel de polícia judiciária; seu papel mais destacado no combate à corrupção permite diferenciá-la do Executivo como um todo, dada a autonomia do órgão.[119] Verificamos que, quando perguntamos sobre o conhecimento das pessoas sobre as ações desses órgãos no combate à corrupção, os índices são elevados, com exceção daqueles atribuídos à Controladoria-Geral da União. Esses dados são importantes para criticar a tese da naturalidade da corrupção no Brasil. Não apenas a corrupção não é natural, como sua incidência é combatida por um conjunto de instituições que detêm o reconhecimento da opinião pública por suas ações. Nesse sentido, as ações da Polícia Federal têm adquirido forte visibilidade e aprovação da opinião pública, tal como mostra a figura a seguir:

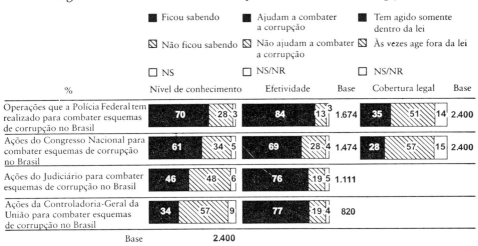

Figura 7 — Conhecimento das ações de combate à corrupção.

Fonte: Centro de Referência do Interesse Público.

Outro dado que chama a atenção é como a população avalia a efetividade da ação dos diferentes atores. No que diz respeito às ações da Polícia Federal, 84% dos entrevistados julgam que são efetivas e no que diz respeito às ações do Judiciário, 78% acreditam que são efetivas. Quando comparamos esses dados com as ações do Congresso Nacional, apenas 69% julgam que são efetivas. O que explicaria esse hiato entre conhecer/não conhecer e não acreditar que as ações do Congresso são efetivas? A nosso ver, essa questão está localizada na mesma chave discutida anteriormente, qual seja, a baixa legitimidade atribuída às ações do sistema político ou a percepção de que a corrupção incide fortemente sobre o sistema político.

Por conseguinte, podemos perceber um hiato, já discutido nos capítulos anteriores, entre combate à corrupção e legitimidade política. Independentemente de os governos petistas terem reforçado a Polícia Federal, a CGU e o combate à corrupção, o desgaste do sistema político tem recaído fundamentalmente sobre o partido do governo, o que tem reverberado nas ruas desde 2013.

Manifestações públicas, redes sociais e percepção da corrupção

As manifestações de junho de 2013 se iniciaram com uma pauta progressista e foram sucessivamente dominadas por uma pluralização de demandas, entre as quais se destacaram as de cunho conservador. No dia 6 de junho, ao mesmo tempo que a reação contra a redução das tarifas de ônibus era predominante, o governo Dilma aparecia marginalmente como tema na internet. Já no dia 20, não só o governo Dilma estava no centro das postagens, como a questão da corrupção adquiria igual relevância.

Ao longo do ano de 2014, de acordo com a análise de mais de cinco milhões de postagens, o governo Dilma não sai do centro das publicações nas redes sociais, ao mesmo tempo que a questão da corrupção ou está no centro absoluto ou adquire maior relevância nas postagens. A Figura 8 é uma excelente demonstração do tráfego de informações nas redes sociais durante o segundo semestre de 2014. O esquema corres-

Figura 8 – Postagens na internet em 1º de novembro de 2014.

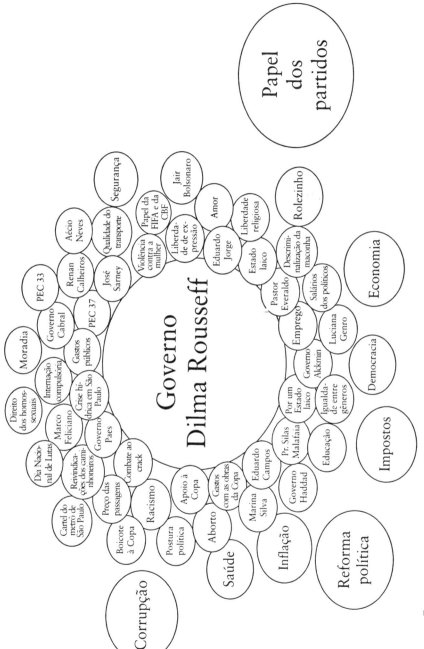

Fonte: <www.causabrasil.com.br>.

ponde ao tráfego do dia 1º de novembro de 2014, quando é possível perceber essa nova configuração da política brasileira, em que há uma polarização em relação ao governo. Ali também é possível perceber que a questão da corrupção pauta com relevância a agenda política.

Duas questões em relação à corrupção parecem estar colocadas nessa conjuntura. A primeira é uma vigorosa campanha da imprensa que pauta a internet, a opinião pública e sua visão em relação ao sistema político. O ponto de partida dessa crítica é a maneira desfavorável como os escândalos do presidencialismo de coalizão são colocados sobre o Partido dos Trabalhadores e o governo federal, tal como apontamos no Capítulo 1. A grande mídia cumpre o papel de amplificar tais escândalos e relacioná-los ao PT. A Figura 9, a seguir, mostra como essas questões aparecem em determinados momentos, como ao final do primeiro turno e no segundo turno das eleições de 2014. Ao mesmo tempo, não identificamos entre os três principais jornais do país nenhuma manchete relacionando o PSDB à corrupção, apesar de terem havido importantes denúncias contra o partido nesse mesmo período. O que interessa destacar é que essas notícias sobre PT e corrupção, independentemente de serem amplificadas, criaram uma percepção de propensão à corrupção na opinião pública.

Figura 9 — Número de manchetes ou chamadas na grande imprensa ligando o PT à corrupção.

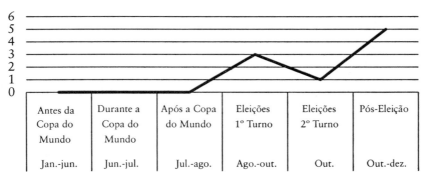

Fonte: Manchetômetro/IESP.

O problema, no entanto, é o processamento seletivo da informação sobre corrupção. O número de prefeitos petistas impedidos por corrupção, por exemplo, é menor do que o de todos os grandes partidos; o número de candidatos do PT bloqueados pela Lei da Ficha Limpa é menor do que o de todos os grandes partidos. Portanto, não parece certo que exista uma correspondência entre governo do PT e aumento da corrupção, tal como se vê nas notícias divulgadas pela grande imprensa. Contudo, as classes médias das regiões Sul e Sudeste detêm essa percepção, que foi exposta nas manifestações públicas do dia 15 de março de 2015 e foi formada a partir do vazamento seletivo do inquérito da Operação Lava Jato.

Temos um segundo elemento em operação, que é a classe média. Diversos dados de pesquisa mostram que esse segmento está mais atento à corrupção do que outros, principalmente nas regiões Sul e Sudeste, acompanhando a maior renda e escolaridade.[120] Ainda assim a indignação da classe média em relação à corrupção é seletiva. Membros de partidos como o PMDB acusados de corrupção, como é caso de Eduardo Cunha e Renan Calheiros, não geraram indignação comparável àquela expressa em relação a membros do PT.

Se, por um lado, devemos esse conjunto de escândalos de corrupção ao presidencialismo de coalizão e à falta de controle na indicação de políticos para cargos nos ministérios e no segundo escalão, por outro, o que surpreende é que as formas de participação e controle público que o PT desenvolveu no nível local não tenham sido ativadas na área de infraestrutura, na qual incidem a maior parte dos casos de corrupção. É sabido, por exemplo, que o controle social está presente em menos de 10% dos programas da área de infraestrutura do governo federal, fato para o qual não existe justificativa. Diversos trabalhos acadêmicos demonstram que as áreas nas quais a participação social foi implantada com mais força são aquelas nas quais o Estado brasileiro é mais eficiente e nas quais existe menos corrupção.[121]

Assim, independentemente da tentativa de publicizar seletivamente a corrupção atribuindo ao PT maior peso do que ele tem no fenômeno, as únicas respostas possíveis para a deslegitimação do partido e do governo federal pelos escândalos de corrupção vigentes no país é de tolerância zero em relação a essa prática. Sabemos que hoje, entre as quinhentas campanhas mais bem financiadas do país, 350 elegem deputados federais que se tornam vinculados a seus financiadores e perpetuam um ciclo indesejável de corrupção e ineficiência administrativa no país. Por isso, o financiamento público é a primeira e a principal resposta a essa questão. Em segundo lugar, a participação social na área de infraestrutura é a outra importante resposta aos escândalos pontuais de corrupção, que devem ser identificados, publicizados e criminalizados. Apenas com ações severas contra a corrupção, o PT poderá retomar o apoio político da classe média das regiões Sul e Sudeste do país, onde é questionado.

5. A classe média e a democracia

Classe média é um conceito sociologicamente impreciso utilizado para definir um grupo social do sistema capitalista que não faz parte nem do proletariado nem da burguesia. A origem do conceito remonta à obra de Marx, cuja ideia é a de que as relações de produção geram classes sociais. Marx foi ainda mais longe quando pensou fundamentalmente em duas classes ou na polarização da sociedade em duas grandes classes antagônicas, uma dona dos meios de produção e outra trabalhadora ou oprimida pelos donos dos meios de produção.[122]

Escrevendo mais de cinquenta anos depois de Marx, Max Weber, o principal clássico do pensamento sociológico, lançou uma definição mais complexa e que nos ajuda a pensar a classe média no Brasil. Para ele, as classes são constituídas por um conjunto de indivíduos que partilham elementos comuns que determinam as suas oportunidades. Esses elementos são tanto econômicos quanto culturais.[123] Desde o início do século XX, começou-se a falar em classe média a partir de uma definição feita no começo do século por um estatístico inglês, T. H. Stevenson, para o censo inglês.

A ideia de classe média está ligada a um conjunto de processos pelos quais todas as economias e sociedades modernas passaram no século XX: uma ampliação das profissões gerenciais, que ocorreu com a complexificação das economias no começo do século, junto com uma ampliação do funcionalismo público, que foi produzida pelo aumento das políticas públicas. Ao mesmo tempo, a continuidade de algumas profissões liberais, como médicos, engenheiros e advogados, constitui o eixo daquilo que chamamos de classe média. Sabemos que esses segmentos passaram a abranger um número cada vez maior de indivíduos em todas as economias modernas.

O conceito de classe média não é apenas econômico, mas também cultural. Junto com o enorme crescimento das profissões de classe média, houve em todas as economias avançadas um aumento do acesso ao ensino superior. Até a Segunda Guerra Mundial, menos de 0,1% da população de países como Inglaterra, França e Alemanha era estudante de ensino superior. Apenas os Estados Unidos destoavam dessa estatística e tinham mais de 1% da sua população frequentando o ensino superior.[124] Esse fenômeno alterou-se profundamente no pós-guerra, período no qual o número de estudantes universitários triplicou ou quadruplicou na Europa e nos Estados Unidos, formando um grupo específico na sociedade que passou a integrar a classe média.

Devido à sua formação histórico-social atípica, o Brasil sempre teve uma classe média, mas não com as caraterísticas mencionadas. A escravidão criou um excedente de mão de obra e, ao mesmo tempo, uma concepção negativa do trabalho entre a elite no país.[125] Com a abolição da escravidão, que não envolveu distribuição de terras, a mão de obra migrou para as grandes cidades, o que criou um exército de trabalhadores pouco qualificados. Assim, diferentemente do caso europeu, nem a formação da elite nem a formação da classe média no Brasil foram pautadas por posição nas principais atividades produtivas ou ocupacionais. A elite se definiu pela posse da terra; e os outros grupos, pela impossibilidade de se integrar nas estruturas produtivas do campo ou da cidade.

O grande fenômeno brasileiro durante o século XX foi a abundância de uma mão de obra pouco qualificada no campo e na cidade. Ao mesmo tempo, o setor da população que poderíamos denominar de classe média, até pelo menos o começo dos anos 1970, tampouco era constituído por gerentes ou funcionários públicos, e sim por um setor de profissionais liberais e profissionais manuais altamente qualificados. Os profissionais liberais – médicos, advogados, engenheiros – tinham uma proximidade muito grande com a elite rural e assimilaram um conjunto de seus hábitos, entre os quais, a utilização intensiva do trabalho pouco qualificado. Empregados domésticos, cozinheiras, motoristas e toda uma gama de trabalhadores foram desde sempre empregados tanto pela elite quanto pela classe média.

Ao mesmo tempo, desde o final do século XIX, em virtude de uma inserção desfavorável do país na divisão internacional do trabalho, surge uma classe de artesãos qualificados que produzem, reproduzem e muitas vezes consertam produtos que são acessíveis à classe média nos Estados Unidos e na Europa, mas chegam ao Brasil por um alto preço e têm manutenção cara.[126]

A atipicidade da classe média brasileira reside no fato de ela ter dois elementos de natureza contraditória: de um lado, consome menos intensamente os bens de consumo duráveis e não duráveis – carros, eletrodomésticos e outros produtos eletrônicos que constituem parte integrante do padrão de consumo de qualquer classe média nos países desenvolvidos. De outro lado, até pouco tempo atrás, ainda usufruía uma abundância de mão de obra barata gerada pelo processo de colonização e por uma urbanização atípica. Assim, a mesma classe média que possuía carros e máquinas tinha acesso a serviços que a classe média europeia deixou de ter depois da Primeira Guerra Mundial e que a americana nunca teve.

Apenas no final dos anos 1960, com o crescimento do número de estudantes universitários e a expansão da administração pública, começa a se estabelecer um novo equilíbrio entre profissionais liberais e assalariados com formação universitária, processo este que já ocorria na Europa desde o pós-guerra. Foi essa classe média que apoiou a ruptura com a democracia em 1964 e começou paulatinamente a se posicionar pela redemocratização nos anos 1970, a partir de fortes mudanças na sua configuração socioeconômica.

Classe média, democratização e política no Brasil (1970-1990)

A partir do final dos anos 1960, importantes mudanças começam a ocorrer no Brasil. A grande expansão do setor terciário e a diminuição do peso do setor primário na população economicamente ativa (PEA) se acentuam nesse período. Ao mesmo tempo, há uma enorme expansão do setor estatal, que se dá de duas maneiras complementares: de um lado, um conjunto bastante grande de empresas estatais com burocracias relativamente complexas se expande no Brasil em áreas como petróleo, mineração e siderurgia. Os bancos públicos também experimentam uma forte expansão nesse período. De outro lado, há uma expansão de burocracias estatais, em particular a burocracia do governo federal e de alguns governos estaduais como os de São Paulo e Rio de Janeiro. Todos esses processos conjuntamente implicaram uma variação de 57% da parcela da PEA que se dedicava às atividades governamentais entre 1970 e 1980.[127]

A essa variação da parcela da população dedicada ao setor público corresponde também uma variação da parcela da PEA empregada em atividades de burocracia privada. As indústrias de transformação e automobilística aumentam em 4,7% a sua participação relativa no emprego[128] e geram não apenas um crescimento de trabalhadores industriais, mas também um expressivo crescimento de trabalhadores de classe média, na concepção clássica do *white collar*. Esses trabalhadores associados aos que se integram ao setor de serviços, em especial, os bancos, acabam por constituir uma numerosa classe média no país ainda nos anos 1970.

Foram essas transformações econômicas que constituíram o substrato de importantes mudanças políticas sentidas no Brasil a partir de meados dos anos 1970. A classe média formada naqueles anos passa a se associar e se sindicalizar. Existe um forte movimento de criação de sindicatos de médicos e de engenheiros no final dos anos 1970, em substituição às clássicas associações de categoria que defendiam interesses diluídos e não relacionados à condição assalariada. Ao mesmo tempo, advogados mudam de posição, com as seções regionais

A CLASSE MÉDIA E A DEMOCRACIA

da Ordem dos Advogados do Brasil (OAB) se tornando fortemente politizadas. Por fim, o funcionalismo público também se sindicaliza, com as associações de professores universitários se formando em todo o país, junto com sindicatos de trabalhadores na saúde e na educação pública. Todos esses movimentos apontam na direção de uma classe média que entendeu o seu novo papel social e passou a ter uma atuação politicamente progressista.

Desde 1974, a oposição capitaneada pelo Movimento Democrático Brasileiro (MDB), que advogava a volta do regime democrático, passou a contar com um decisivo apoio da classe média do país, o que se expressou nas vitórias eleitorais significativas do MDB nos principais estados da região Sudeste nas eleições para o Senado em 1974 e 1978 e finalmente na eleição de governadores de oposição em 1982 no eixo Rio de Janeiro, São Paulo e Minas Gerais. O auge de todo esse processo foram as manifestações para o restabelecimento de eleições diretas para a Presidência, que, como apontado nos Capítulos 1 e 2, estabeleceu o padrão para o funcionamento da participação social no período democrático.

Os dois partidos que se tornariam os principais no Brasil, PT e PSDB, têm profunda implantação nessa classe média formada nos anos 1970. O Partido da Social Democracia Brasileira (PSDB) consegue uma rápida e forte implantação no estado de São Paulo a partir da crise do MDB. Elege todos os governadores do estado a partir de 1994, mas não parece se adaptar bem às dinâmicas locais fora desse estado. Ao final de seus dois mandatos presidenciais, o PSDB enfrentou problemas com toda a classe média das regiões Sul e Sudeste, em virtude do péssimo desempenho da economia no segundo mandato de Fernando Henrique Cardoso.

O Partido dos Trabalhadores, por sua vez, também tem suas origens na classe média, ainda que no estrato mais próximo do setor manufatureiro, mas com hábitos de consumo muito parecidos aos da classe média do setor de serviços. À medida que o partido amplia a sua implantação no país, atinge todos os tipos de classe média, em especial com as suas administrações municipais em Porto Alegre e

IMPASSES DA DEMOCRACIA NO BRASIL

Belo Horizonte. O mais surpreendente em relação ao PT, até 2002, foi sua dificuldade em integrar os setores populares. Apenas nesse ano, esses setores passaram a votar significativamente no partido.[129] Assim, podemos afirmar que os dois principais projetos políticos do país estabeleceram relações positivas com a classe média que se formou.

O projeto político do PSDB conseguiu se ancorar fortemente na classe média paulista, mas enfrentou problemas em outros estados e principalmente com a nova classe média da região Nordeste. O projeto político do PT firmou-se fortemente na classe média das regiões Sul e Sudeste até 2010, mas claramente enfrenta problemas com a classe média a partir de 2013, tal como apontei nos Capítulos 2 e 3. Vale a pena, no entanto, deixar claro que existem duas questões colocadas no padrão de classe média brasileira neste momento: a primeira é qual projeto político que a classe média, agora dividida em nova e velha, irá adotar de fato; a segundo é como a tradicional classe média brasileira irá se adaptar a um processo de modernização das relações de trabalho que a afasta da chamada classe alta.

Classe média e política no Brasil (2003-2015)

Os últimos dez anos foram de mudanças profundas na estrutura social brasileira. As mais significativas são a queda acentuada da pobreza, que retirou mais de vinte milhões de pessoas dessa condição entre 2003-2012; os programas de transferência de renda, que criaram o sistema de proteção social que abrange quase quarenta milhões de pessoas; e os aumentos reais do salário mínimo, que desencadearam uma mobilidade social bastante intensa. Conjuntamente, esses programas desempenharam o papel de uma revolução copernicana na estrutura social de um país viciado em desigualdades. Muitos foram os resultados dessas políticas, mas aqui será abordado apenas um: a sua incidência sobre o padrão atípico de classe média.

Essas três transformações diferenciaram a classe média e os diversos segmentos criando aquilo que a literatura tem chamado de nova classe média, isto é, um contingente que, somado à classe média tradicional, alcança aproximadamente 50% da população brasileira e tem renda familiar entre R$ 1.000 e R$ 4.000. Esse segmento mudou a sociedade brasileira em um aspecto fundamental, que é, ao mesmo tempo, econômico e cultural. Criou-se no país um novo contingente que tem capacidade de consumo de bens duráveis e não duráveis, tais como automóveis e eletrodomésticos. Criou-se também um segmento com capacidade de consumo cultural e de lazer. Foi esse segmento que passou a frequentar lugares que de forma bastante engenhosa estavam fora dos limites da maioria da população: aeroportos, shopping centers, hotéis que ainda que não tivessem nenhuma política de segregação faziam parte de uma estrutura implícita de exclusão. Todos esses elementos modificaram padrões de comportamento quase seculares na sociedade brasileira.

Não se trata apenas da redução da desigualdade, mas de transformações em um padrão secular de integração e de exclusão pelo mercado. Portanto, é lícito supor que essas mudanças causaram impactos na sociedade brasileira, que de maneira geral parece se orgulhar da queda da desigualdade e do acesso a bens de consumo duráveis por um novo contingente da população.

Podemos apresentar diversas evidências nessa direção, mas a melhor são os dados de pesquisa de opinião. Três em cada quatro respondentes de pesquisa aplicada pelo DataUnb reconheciam em 2008 que o programa Bolsa Família trazia mais coisas boas do que ruins para o país. Além disso, 69% eram a favor de políticas de combate à pobreza.[130] Ou seja, do ponto de vista geral, o apoio aos programas de redução da pobreza e da desigualdade foi bastante amplo no Brasil na última década.

No entanto, esse fenômeno alterou a relação entre a classe média baixa e a alta e teve forte impacto político. A classe média tradicional, também chamada de alta, foi marcadamente afetada pelas mudanças que reduziram a desigualdade e levaram à mobilidade no mercado de trabalho, uma vez que é forte consumidora de serviços domésticos, cujos profissionais foram beneficiados pelas mudanças no mercado de trabalho. A inflação do setor de serviços subiu 104% entre 2004 e 2014 e causou danos especialmente a esse setor da classe média.

Ao mesmo tempo, a explosão dos preços da alimentação também provocou um estrago no orçamento desse segmento. A classe média tradicional no Brasil também se viu comprometida por uma questão de status, que despontou em diversas situações recentes, como no caso do acesso de jovens da nova classe média a shopping centers, episódios que ficaram conhecidos como "rolezinhos". Nessa ocasião já se manifestou uma questão que "aflige" os brasileiros de classe média, que é o convívio em espaços sociais não partilhados anteriormente.

Temos uma segunda questão colocada no Brasil, que é a redefinição do uso dos serviços de saúde e educação pela classe média. Como mencionado anteriormente, a classe média sempre teve uma posição atípica em relação a esses serviços. Historicamente, desfrutou de serviços privados de saúde e, no que diz respeito à educação, foi uma usuária de serviços privados de educação até o ensino médio e de serviços públicos a partir daí. O recente ciclo de expansão da classe média e a ampliação da inclusão no ensino superior comprometeram a posição da classe média em ambos os setores. De um lado, no que diz respeito aos serviços privados de saúde, estes se tornaram de difícil acesso para a classe média devido a um forte aumento do seu custo. Por outro, no que diz respeito à educação pública, esta se tornou mais competitiva, com a entrada das classes C e D no ensino público via programas de ações afirmativas.

Portanto, seja no que diz respeito ao status, seja no que diz respeito a serviços públicos fundamentais, a classe média passa por uma redefinição do seu papel social e dos serviços aos quais tem acesso. É essa redefinição que a tem levado a um reposicionamento em relação ao sistema político existente no país.

Classe média, sistema político e polarização social

A classe média brasileira tem se manifestado ou estado no centro de conflitos sociais importantes desde junho de 2013. Naquele momento ela se manifestou de duas formas contraditórias: de um lado, contra o governo e o sistema político. Em alguns casos tem manifestado dúvida até mesmo em relação à democracia, como aponta pesquisa publicada pela *Folha de S.Paulo* no dia 8 de dezembro de 2014, que mostrou que dúvidas em relação à democracia aumentavam com a renda entre os jovens da região Sudeste. De outro lado, manifesta-se exigindo o estabelecimento de uma agenda em relação às políticas sociais, em especial saúde e educação, de melhoria dos serviços, o que pode constituir uma agenda positiva de esquerda. Desse modo, a classe média rompe com uma tradição que tem adotado desde 1988, que é de apoiar soluções progressistas para o problema da desigualdade no país, mas ao mesmo tempo a aprofunda, ao identificar a atipicidade dos serviços do Estado como parte de uma agenda de melhoria das condições sociais no país. As eleições de 2014 agravaram essa divisão.

Esse é o fenômeno fundamental que está por trás da marcante mudança de postura da classe média na política brasileira e que se manifestou claramente nas eleições de 2014. Utilizando apenas dados em relação à renda dos eleitores, o Instituto Datafolha classificou o eleitorado brasileiro em 2014 da seguinte forma: 32% fazem parte de uma classe média intermediária; 20% fazem parte da classe média alta e 13% fazem parte da classe média baixa.[131] Logo, 65% do eleitorado brasileiro podem ser considerados de classe média e 2014 foi a primeira eleição na qual os excluídos não representaram o maior contingente. Ainda assim, há uma enorme variação regional, com a classe média representando 59% dos eleitores da região Sudeste e os excluídos representando 40% dos eleitores da região Nordeste, ao passo que nacionalmente representam 27%.

É possível assim correlacionar classe média e intenção de voto nas eleições de 2014. Foi a classe média alta que esteve por trás da forte rejeição ao PT e ao governo Dilma no estado de São Paulo e nas principais capitais do Sudeste e da região Sul, lugares onde essa classe predomina. Ainda assim, esse segmento se dividiu intensamente ao final do processo eleitoral, e no dia 20 de outubro sua intenção de voto estava dividida da seguinte maneira: a classe média intermediária apoiava Dilma, que alcançava 53% dos votos válidos nesse estrato, e Aécio Neves, 47%; na classe média alta, Aécio Neves alcançava 67% da intenção de votos.[132] A rejeição a Dilma e ao PT é maior no estado de São Paulo, onde a classe média alta tem a sua maior expressão.[133] Assim, a redistribuição de apoios aos partidos na classe média tornou-se também uma redistribuição regional dos apoios políticos no Brasil. Esse fenômeno se repetiu em março de 2015, quando as manifestações contra o governo atraíram um público maior em São Paulo do que no Rio de Janeiro.

À guisa de conclusão, podemos fazer duas observações sobre a relação classe média, política e democracia. Houve, com efeito, um realinhamento social no Brasil que tem consequências políticas. Os excluídos deixaram de ser o maior grupo entre os eleitores, mas também, devido ao realinhamento de renda no país, o segmento de classe alta também diminuiu sua representação no eleitorado total. Esse fenômeno é responsável por mudanças importantes nas posições em relação à política no Brasil e é responsável por uma forte rejeição de classe ao PT e ao governo Dilma.

Em pesquisa Datafolha realizada em 17 e 18 de setembro de 2014, 15% da classe alta e 11% da classe média alta davam nota zero ao governo Dilma, o que certamente expressa que esse alinhamento contra o governo também envolve preconceitos. Nas manifestações de 15 de março de 2015, 41% dos participantes declararam ganhar mais de dez salários mínimos e 96% achavam o governo Dilma ruim ou péssimo. Em sua versão menos sutil, esses atores investem contra os mais pobres, os programas de transferência de renda e os novos segmentos incluídos da população brasileira. Nesse sentido, é possível dizer que acabou o período em que a classe média brasileira fazia parte integralmente de um consenso a favor de políticas distributivas e de inclusão social, o que tem orientado o reposicionamento do maior partido de oposição, o PSDB, durante o primeiro semestre de 2015.

De todo modo, não podemos afirmar que o realinhamento social explica completamente o realinhamento político no país. Há, de fato, um afastamento do eleitor de classe média do Partido dos Trabalhadores por motivos políticos, entre os quais a questão da incidência da corrupção no governo federal não pode ser subestimada. Ainda que argumentemos, tal como no capítulo anterior, que a mídia foi responsável pela construção de uma imagem na qual a responsabilidade do PT e do governo foi amplificada e a da oposição diminuída, há um problema real representado pela alta incidência da corrupção no governo federal. Especialmente no estado de São Paulo, um número significativo de parlamentares e políticos do PT foi atingido por denúncias de corrupção nos escândalos conhecidos como "mensalão" e "petrolão". Portanto, se existe um realinhamento social que pode explicar mudanças no eleitorado que elucidam em parte uma diminuição do apoio ao PT na classe média, há também uma crítica que pode gerar um importante eixo de renovação de uma política de esquerda no Brasil, se o PT de fato voltar a se comprometer com uma prática de tolerância zero com a corrupção.

Mas a grande questão que está colocada neste livro e que irei abordar no capítulo final é a seguinte: haveria na retirada do apoio da classe média a um projeto político, no caso o projeto representado pelo Partido dos Trabalhadores no governo federal, o risco do fim ao apoio desta mesma classe média ao projeto democrático construído a partir de 1988? Quero crer que não, mas temos visto no Brasil um abalo do apoio à democracia entre alguns dos segmentos de classe média, junto com uma elevação do nível de intolerância em relação a opiniões diferentes, o que certamente preocupa a todos os que prezam a democracia. Haveria, então, com a retirada do apoio da classe média a um projeto político, no caso representado pelo Partido dos Trabalhadores no governo federal, o risco de uma retirada do apoio dessa mesma classe média ao projeto democrático construído a partir de 1988?

Conclusão

A democracia e a saída para o impasse político

O Brasil criou uma democracia capaz de garantir a operacionalidade da governabilidade e introduzir formas vibrantes de participação desde 1988, quando da aprovação da Constituição em vigor. Do ponto de vista operacional, a democracia brasileira tem garantido a governabilidade de diversas formas: em primeiro lugar, ao estabilizar, entre 1994 e 2014, a relação entre o Executivo e o Legislativo, garantindo no Congresso maioria para a aprovação de projetos de lei fundamentais, como aqueles que estabilizaram a moeda e introduziram o Bolsa Família ou permitiram os aumentos reais do salário mínimo.

Mas não temos dúvida de que estamos no final de um ciclo no que diz respeito à democracia brasileira. Estamos encerrando um ciclo em relação às características do governo de esquerda que existe no Brasil desde 2003; estamos encerrando um período no que diz respeito ao presidencialismo de coalizão e sua capacidade de ancorar o sistema político e da capacidade do estado de financiá-las sem gerar fortes conflitos distributivos.

No momento em que a conclusão deste livro está sendo escrita final de dezembro de 2015, o governo da presidenta Dilma Rousseff passa por uma forte crise da qual não é possível saber se sobreviverá.

Diversos elementos da crise descritos anteriormente incidiram sobre a capacidade da presidenta de governar, entre os quais vale a pena destacar: o colapso da aliança congressual de sustentação do governo que aponta para elementos de instabilidade no próprio presidencialismo de coalizão; a forte mobilização da opinião pública contra a presidenta que é decorrência da quebra da hegemonia do PT sobre o campo participativo; o forte impacto da Operação Lava Jato sobre o PT e sobre a base do governo associado a uma total incapacidade do governo de estabelecer de forma equilibrada os termos da autonomia da Polícia Federal. O agravamento dos impasses vividos pela democracia brasileira, no início de dezembro de 2015, envolveu os seguintes elementos: a votação do pedido de abertura de processo contra o presidente da Câmara do Deputados, Eduardo Cunha; a elaboração de uma parecer acusando-o de mentir à CPI da Petrobras e a aceitação por Cunha do pedido de impeachment da presidenta Dilma Rousseff. Todos estes elementos apontam para uma saída político/judicial para a crise que poderá abalar o equilíbrio entre os poderes construído ao longo dos últimos 30 anos.

O Poder Judiciário adquiriu fortes prerrogativas nestes trinta anos. A Constituição de 1988 mudou a arquitetura institucional da relação entre os poderes e, especialmente, o papel do Judiciário. Em complementação, a organização propriamente dita dessa instância de poder envolveu a adoção de um modelo de institucionalização da assim chamada revisão constitucional, que existe em muitos países como hábito e no Brasil está institucionalizada nos artigos 102 e 103 da Constituição.

Ao mesmo tempo, foram também ampliados os atores que podem arguir a constitucionalidade dos projetos de lei propostos, que passaram a incluir instituições da sociedade civil e a Ordem dos Advogados do Brasil (OAB). Esta exercitou seu direito em momentos-chave, como o do debate atual sobre financiamento privado de campanha, no qual a Ordem conseguiu uma importante vitória no STF em setembro de 2015. Assim, instituiu-se no Brasil um segundo elemento de *checks and balances* ligado a uma tradição de arraigado ativismo do Poder Executivo, na qual o Poder Judiciário tem prerrogativas tão fortes quanto o Executivo.

Três instituições, duas entre elas ligadas ao Poder Judiciário, encontram-se no centro da crise do governo Dilma e dos impasses da democracia brasileira: o Tribunal Superior Eleitoral; a Justiça Federal e o Tribunal de Contas da União, que apesar do nome é tecnicamente um órgão auxiliar do Poder Legislativo. Em todos os três casos ocorre uma forte judicialização da crise, no sentido de que são indivíduos sem mandato que contam com forte legitimidade das instituições judiciais, as quais irão decidir acerca da continuidade do mandato da presidenta. Esse processo se agrava com a aceitação do pedido de impeachment da presidenta, aceito por um presidente da Câmara dos Deputados acusado de corrupção e ocultação de patrimônio no exterior. Em decorrência de grande perda de legitimidade das instituições políticas, coube ao Judiciário tomar as principais medidas relativas ao impeachment, tais como a negação da legalidade do chamado rito sumário proposto por Eduardo Cunha e a aceitação ou não da capacidade de Cunha decidir pelo impeachment, já que está sendo processado pelo Conselho de Ética. Neste caso, mais uma vez, vemos o aumento das prerrogativas do Poder Judiciário, em especial do STF, em detrimento das instituições constituídas pela soberania popular. Esse processo deve continuar até o desfecho do pedido de impeachment ou a remoção de Eduardo Cunha da presidência da Câmara dos Deputados.

O ano de 2015 está também se mostrando como um ano de fortes mudanças na tradição participativa, que também irão afetar o desfecho da situação que envolve o mandato da presidenta. O Brasil assistiu a três grandes manifestações públicas contra a presidenta, nos dias 15 de março, 15 de abril e 16 de agosto. Em geral os manifestantes reafirmaram uma tradição mais conservadora que, como mostramos anteriormente, surgiu em junho de 2013. O perfil dos manifestantes continua mostrando renda e educação muito altas e uma forte crítica da agenda social do governo, além de uma forte insatisfação com o funcionamento da democracia no país. Assim, temos hoje o início de um novo ciclo participativo no qual a infraestrutura da participação social se modificou bastante. Não está claro qual continuidade as políticas de participação institucional irão ter.

Por fim, não podemos ignorar as novas formas de combate à corrupção, mas mais uma vez não está claro se adquiriram um novo formato. As operações estruturadas em conjunto pela Polícia Federal, pelo Ministério Público e pela Controladoria-Geral da União em muito aprimoraram a capacidade do Estado brasileiro de combater a corrupção. A opinião pública avalia positivamente essas instituições: em recente pesquisa do Datafolha, 65% da população expressam confiança na Polícia Federal, 51% expressam confiança no Ministério Público e no Poder Judiciário.[134] Mas os abusos recentes em relação a direitos dos investigados, a forte projeção midiática do juiz Moro na Lava Jato e a politização das investigações por parte de delegados da Polícia Federal colocam em questão o avanço generalizado do combate à corrupção no país.

Por fim, durante todo este período o Poder Legislativo foi o que mais se mostrou problemático entre as instituições da nova democracia brasileira. De um lado, o Legislativo esteve desde 1988 espremido entre os outros dois poderes, não exercitando adequadamente as suas prerrogativas. De outro, nos poucos momentos em que o Poder Legislativo exercitou as suas prerrogativas, como foi o caso no primeiro semestre de 2015, sob a liderança de Eduardo Cunha, ele o fez através de uma agenda corporativa e de privilégio completamente alheia às aspirações da opinião pública. Ao mesmo tempo, o Poder Legislativo mostra uma irresponsabilidade fiscal que assusta os principais agentes econômicos do país.

Se é assim, vale a pena pensar quais são as contribuições que a democracia brasileira pode dar para a saída dos impasses que ela mesma gerou. Quatro pontos importantes são: os limites do exercício da oposição, os limites do presidencialismo de coalizão, os limites da participação e os limites do combate à corrupção. Cada um envolve um desafio: o de ser oposição democrática; o de realizar coalizões que não sejam destrutivas do Estado e da governabilidade; o de ampliar a participação social para a área de infraestrutura para democratizá--la; e o de tornar o Estado brasileiro mais imune à incidência da corrupção. Respeitados esses limites, não há dúvidas sobre uma saída democrática para a crise.

Os limites do exercício da oposição

Mudou o cenário no qual a oposição é feita no Brasil e tal mudança está afetando a democracia. O contexto da mudança são as quatro eleições seguidas nas quais a oposição foi derrotada eleitoralmente, a performance declinante da economia e as manifestações de junho. Conjuntamente, esses três elementos estão mudando o conceito de oposição no país. Temos hoje uma oposição constituída por, pelo menos, dois grupos principais. O primeiro é o dos partidos de oposição, liderado pelo PSDB. Esse grupo de oposição, em especial o PSDB, tem responsabilidade administrativa em importantes estados da federação, como São Paulo e Paraná por exemplo, onde existem graves problemas a serem solucionados por esses governos, em particular no âmbito das finanças públicas, o mesmo problema no qual o governo federal se debate neste momento.

O que a oposição político-partidária fez foi o que denominei de "americanização da oposição", um fenômeno inspirado em como o partido republicano faz oposição de forma quase permanente e em todos os setores ao governo Obama nos Estados Unidos. Desde o fim das eleições presidenciais em 2014, o PSDB tentou cancelar a posse da presidenta Dilma Rousseff no TSE, derrubar a readequação do orçamento federal na Câmara e no Senado ao déficit nas contas públicas, lançou candidato à presidência da Câmara dos Deputados e criticou abertamente a nova política do governo, que é claramente mais próxima da política que ele defendia. O auge dessa política de oposição a qualquer custo foi a votação em bloco do PSDB pela derrubada do fator previdenciário, uma das heranças do governo FHC. Vale a pena também distinguir, no campo do PSDB, as ações do candidato derrotado Aécio Neves das atitudes do assim chamado "grupo paulista", liderado pelo governador Geraldo Alckmin. Aécio Neves jamais se conformou com a derrota nas urnas e exerce uma oposição predadora, na qual se posiciona até mesmo contra propostas do governo que se assemelham às concepções políticas do seu partido. O objetivo de ser oposição é derrubar o governo para que novas eleições sejam convocadas. Já no caso do governador Alckmin, ele tem manifestado em diversas ocasiões sua preocupação com atitudes da oposição que enfraqueçam as regras do jogo democrático. Não há nada de errado com a ideia de exercer uma oposição permanente, pelo menos no que diz respeito aos cânones da oposição democrática. Existem apenas os custos para a governabilidade, que se tornou mais difícil em 2015 e que passaram a afetar também a oposição. Apresento duas evidências: a votação pela oposição, em especial pelo PSDB, pela derrubada do fator previdenciário; e a aceitação inconteste da decisão de Cunha a respeito do impeachment mesmo em situação de forte perda de credibilidade por parte do presidente da Câmara dos Deputados. Devemos esperar que estes custos não comprometam a própria democracia – ainda que tal fato não possa ser excluído.

O segundo grupo que constitui a oposição no Brasil hoje pode ser denominado de "nova direita", fortalecida depois das manifestações de junho de 2013 e, principalmente, pelas manifestações de março de 2015. Entre 1984 e 2010, a influência das forças conservadoras no Brasil diminuiu, com a direita[135] sofrendo duas derrotas fundamentais, em 1985-1986, o ano da democratização, e em 1992, ano do impeachment do ex-presidente Collor. Como consequência das duas derrotas, 1994, ano da eleição de Fernando Henrique Cardoso, foi o primeiro em que as forças conservadoras não lançaram candidato próprio à presidência.

A primeira derrota foi a eleitoral, da Aliança Renovadora Nacional (Arena) nas eleições de 1986. A Arena perdeu todos os governos estaduais e sofreu uma derrota acachapante nas eleições para o Congresso. Em razão disso, certo tipo de direita, a que advogava abertamente a herança autoritária no Brasil, deixou de existir. O Partido da Frente Liberal (PFL), hoje Democratas, tornou-se o único conservador do país e tinha a seu favor o movimento em prol da democratização. A segunda derrota da direita brasileira se deu durante o impeachment do ex-presidente Fernando Collor de Mello, cuja base de apoio se centrava principalmente no PFL.

Desde 2013, existe uma "nova direita" se organizando, que tem procurado romper com alguns velhos paradigmas. O Brasil historicamente

A DEMOCRACIA E A SAÍDA PARA O IMPASSE POLÍTICO

teve forças conservadoras ou de direita ligadas aos setores atrasados da economia. Muitos autores nos anos 1950 e 1960 publicaram obras importantes, baseadas nesses contrastes,[136] que se impregnaram na cultura brasileira por meio das telenovelas, com a imagem do coronel e do atraso.[137] A nova direita, que surge nesta última década, tem um perfil que mistura elementos clássicos aos contemporâneos. Sua pauta é a defesa da agenda econômica liberal e da propriedade privada, bem como o foco na questão da corrupção, elemento que esteve na agenda dos setores conservadores brasileiros antes de 1964 e desapareceu depois disso. A partir de março de 2015, esses grupos reunidos em torno do Movimento Brasil Livre (MBL) e do Vem Pra Rua adquiriam forte visibilidade e, até mesmo, capacidade de pautar a conjuntura.

Os novos grupos de classe média analisados no capítulo anterior parecem ser os mais importantes protagonistas desse novo movimento que traz uma característica adicional: a ocupação das ruas com amostras de intolerância política. Mais uma vez, não há qualquer problema para a democracia em existir movimentos mostrando sua capacidade de mobilização, ainda que certamente tal fato redefina a própria ideia de participação no país. O que, sim, acende luzes amarelas é a intolerância política que se expressa nessa volta de movimentos conservadores às ruas. Assim como uma pauta antidemocrática com forte inserção no Congresso Nacional que procura romper com a separação entre religião e Estado e ameaça os direitos civis.

Portanto, os limites os quais entendemos que a oposição deve assumir são os da defesa da governabilidade e da tolerância, dois importantes valores da democracia. A defesa da governabilidade passa por entender que certa agenda econômica e administrativa é necessária, independentemente de quem governa. O risco de tal agenda não ser aceita é impor ao país uma trajetória tão vulnerável quanto aquela em que os Estados Unidos foram colocados pela oposição republicana, que em certo momento considerou que não autorizar o aumento da dívida pública poderia ser um ato de oposição. Nestes últimos meses, desde a reforma ministerial realizada pela presidenta, houve aumento de sua base política no Congresso e maior capacidade de aprovar agendas econômicas necessárias para o país, como foi o caso da aprovação da repatriação de recursos no exterior e da revisão da meta fiscal de 2015. Não está claro, até agora, se há uma retomada da confiança dos agentes econômicos, ainda que se possa afirmar que a aceitação do pedido de impeachmente restaura ao menos, um horizonte de previsibilidade – para o governo e a oposição. Portanto, a questão principal a ser cobrada da oposição neste momento é a manutenção da governabilidade, especialmente no campo da economia, no momento em que ela modifica sua estratégia de ação.

Os limites do presidencialismo de coalizão e da judicialização

As duas grandes inovações da democracia brasileira do ponto de vista institucional foram o presidencialismo de coalizão e a integração da possibilidade da revisão constitucional no próprio texto da Constituição. Como mostrei no Capítulo 1, ambas as inovações foram altamente positivas. O presidencialismo de coalizão permitiu que os presidentes do Brasil no período 1994 a 2014 governassem sem maiores atritos com o Congresso e tivessem aprovado facilmente suas iniciativas de lei. O Judiciário, principalmente o STF, também aumentou fortemente as suas prerrogativas. Das 4.434 Ações Diretas de Inconstitucionalidade (Adins) postuladas entre 1988 e 2010, em torno de cinquenta foram aprovadas. O procurador-geral da República é quem, com maior sucesso, propõe Adins; mas questões extremamente importantes para a sociedade brasileira foram arguidas pela OAB e por outras organizações da sociedade civil, como o caso da vigência da Lei de Anistia e o do financiamento de campanhas eleitorais.[138] No entanto, a forma como no primeiro semestre de 2015 o Poder Judiciário colocou o Executivo na defensiva com práticas políticas questionáveis, como o vazamento seletivo de informações da Operação Lava Jato e um abuso de prisões preventivas e de delações que tem como objetivo desestabilizar o campo político, mostra o perigo de uma solução para os impasses que não transite pelos poderes constituídos pelo voto popular.

A DEMOCRACIA E A SAÍDA PARA O IMPASSE POLÍTICO

Não é possível esconder que o sucesso da democracia brasileira se assenta em dois dos seus três pilares, o Executivo e o Judiciário e que o equilíbrio entre os dois se tornou mais precário em 2015. O Executivo foi o responsável por todas as políticas positivas geradas pela democracia, da estabilização econômica à melhoria da distribuição de renda. Desde 1988, foi motivo de crise em um curto período, em 1992, que levou ao impeachment do ex-presidente Collor e constitui o centro dos impasses da democracia brasileira vividos em 2015. Em todos os outros momentos, foi um dos pilares fundamentais da governabilidade. O Judiciário, por sua vez, foi se fortalecendo gradualmente, com decisões importantes do STF em relação ao sistema político, como a derrubada da cláusula de barreira e a decisão que impôs a fidelidade partidária.

Na conjuntura aberta com a crise do governo Dilma as decisões mais importantes que selarão o destino do governo serão tomadas pelo Poder Judiciário. Caberá ao TSE, Tribunal Superior Eleitoral, decidir pela legalidade ou não das contas da campanha eleitoral de 2014; coube ao TCU rejeitar as contas do governo em 2014 e caberá ao Supremo analisar, em última instância, ritos do processo de impeachment cuja abertura foi solicitada à mesa da Câmara dos Deputados no dia 1º de setembro por Hélio Bicudo e aceita pelo presidente da Câmara dos Deputados em 2 de dezembro de 2015. Não é bom que conflitos desta ordem encontrem soluções judiciais, já que essas poderiam eventualmente comprometer o equilíbrio entre os poderes.

Desde 1988 o Judiciário vem se fortalecendo em relação ao Congresso Nacional. Aliás, esta parece ser a tonalidade comum à primeira fase do impasse político da democracia, descrito e analisado neste livro: a perda da confiança da cidadania no Poder Legislativo. O STF se reforçou fortemente a partir de 2010, com importantes condenações de membros do sistema político e com a aceitação, pelo ministro Teori Zavascki, em março de 2015, da abertura de investigação contra membros dos principais partidos, PMDB, PP, PT e PSDB e dos presidentes de ambas as casas do Congresso. Há um expressivo fortalecimento do Poder Judiciário em detrimento do Legislativo e que hoje se coloca também em relação ao Poder Executivo.

Desde o início de 2015, o segundo polo do presidencialismo de coalizão, a Presidência, parece também envolvido em uma crise de forte magnitude. Menos de noventa dias após a sua reeleição, as taxas de aprovação da presidenta Dilma Rousseff eram bastante baixas. No dia 18 de março, pesquisa Datafolha registrou a reprovação do governo por 61% da população. A taxa de aprovação da presidenta continuou caindo durante todo o primeiro semestre de 2015, alcançando o recorde negativo de 7% no mês de maio. Nos dois primeiros fins de semana de março, assistimos a importantes manifestações contra a presidenta e sua gestão. Com o conjunto de batalhas judiciais que o Executivo está enfrentando em 2015 há a possibilidade de uma saída judicial para essa situação. É extremamente importante que a solução para a crise do governo Dilma Rousseff não seja uma solução judicial, já que sua imposição pode transformar a crise de um governo em uma crise da democracia e gerar uma politização indesejável do Poder Judiciário.

É também importante que a saída da crise na qual se encontra mergulhado o governo da presidenta Dilma Rousseff envolva elementos de uma reforma política que torne o sistema político mais próximo da opinião pública. É necessário que se introduzam reformas para tornar a obtenção de maioria mais fácil para o governo. O Brasil está hoje entre os países em que partidos são mais facilmente criados. O problema é que uma grande parte deles não exprime nenhuma forma de representação, seja de grupos da população, seja de interesses específicos. Desde 1994, vem aumentando a desorganização do governo e do sistema político, provocada pela fragmentação do Congresso. FHC teve 96 ministros, Lula teve 103 e Dilma teve 94 ministros até agosto de 2015 – número que aumentou com a reforma ministerial realizada em setembro.

É necessário analisar também se o sistema político brasileiro não deve envolver um prêmio de maioria, comum em muitos países europeus, como a Itália e a Grécia. Mais uma vez, o objetivo seria organizar as maiorias de forma a garantir a governabilidade e dissolver o centro conservador que domina, imobiliza e retira a legitimidade do Congresso Nacional. É muito importante para o Brasil hoje uma reorganização do Poder Legislativo, uma vez que a perda da legitimidade do Congresso e o aumento do ativismo do STF poderão lançar o país e a sua democracia em uma crise política. Essa recuperação da legitimidade do sistema político passa também pelo reforço da participação popular.

A reorganização e a ampliação da participação social

Foi mostrada nos Capítulos 2 e 3 a importância da participação social no Brasil. Ela surge com dois importantes polos na democratização, o institucional e o não institucional. Significativas campanhas políticas fazem parte do polo não institucional, como foi o caso da campanha das Diretas Já e do impeachment de Collor. Diversos movimentos optaram por não se institucionalizar e continuam atuando na cena política, como foi o caso do MST ou do Movimento dos Sem Teto. Mas a grande maioria dos movimentos mais significativos da democratização brasileira escolheu a via da participação institucionalizada depois da promulgação da Constituição de 1988, entre os quais o Movimento Popular de Saúde, o Movimento Sanitarista e o Movimento pela Reforma Urbana. São organizações que estão na base de fortes mudanças na institucionalidade da participação, com a criação de conselhos de políticas, orçamentos participativos e conferências nacionais, que aumentaram a porosidade entre o sistema político e os atores sociais.

As duas décadas de participação social no Brasil apresentam resultados positivos, entre os quais a democratização ao acesso de bens públicos nas cidades com orçamento participativo, como Porto Alegre e Belo Horizonte;[139] e a generalização do acesso à saúde em cidades com conselhos de saúde influentes, como Porto Alegre e São Paulo.[140] Contudo, há claramente um esgotamento das formas de participação institucionalizada nesta década, conforme apontado no Capítulo 2.

Mas o maior indicativo dos limites da participação é sua completa ausência do novo ciclo de investimentos públicos municipais, estaduais e federais no Brasil. Desde 2007, o governo federal sinalizou o início de um novo ciclo de investimentos por meio do Plano de Aceleração do Crescimento (PAC). Ao mesmo tempo, quase todas as grandes cidades brasileiras estrearam vultosas obras de infraestrutura na área de mobilidade urbana. Tanto as obras do PAC, que envolveram novas usinas hidroelétricas, novos aeroportos e vias de acesso, quanto as obras urbanas que também se centraram na área da mobilidade urbana prescindiram completamente da participação social, que se tornou secundária tanto no nível municipal quanto no nível nacional.

Ao mesmo tempo que ocorreu essa reordenação das áreas prioritárias da administração e dos investimentos do governo em detrimento da participação social, dois problemas se manifestaram nessas mesmas obras: o primeiro deles foi a violação de direitos, especialmente da população urbana de baixa renda; e o segundo foi a alta incidência da corrupção. A violação de direitos da população urbana foi generalizada nas obras de preparação para a Copa do Mundo, devido à promulgação da Lei Geral da Copa, que acabou erroneamente prevalecendo em detrimento do Estatuto da Cidade, que garante os direitos de moradia para a população de baixa renda e estabelece processo para a realocação urbana. Nada disso foi respeitado, e um dos principais atores das manifestações de junho de 2013 foram os Comitês Populares dos Atingidos pela Copa (COPACs).

Assim, a primeira consequência da retomada das obras de infraestrutura pelos governos federal e municipais foi a violação de direitos da população de baixa de renda, que dividiu a base de apoio do governo e gerou tensão nas suas relações com os movimentos sociais. Essa tensão acabou levando à ruptura do campo participativo no Brasil, bem como à pluralização e posterior polarização das formas de mobilização social no país.

A segunda consequência da realização das obras de infraestrutura sem participação social no Brasil foi a retomada de relações privadas com grandes empreiteiras e o surgimento de novos casos de corrupção. É possível afirmar que o setor mais estagnado em termos de práticas sociais e econômicas no Brasil é o que envolve as grandes empreiteiras. As formas de relação entre essas empresas e o governo foram estabelecidas nos anos 1950 e 1960 e não foram modificadas. Licitações públicas com

A DEMOCRACIA E A SAÍDA PARA O IMPASSE POLÍTICO

cartas marcadas, divisão de obras, cartéis e processos generalizados de *kickbacks* de triangulação de recursos fazem parte dessa relação.

Muitas empresas no Brasil se modernizaram, mas as empreiteiras não o fizeram porque as altas margens de lucro não induzem à modernização econômica e administrativa. Basta paralisar uma obra para obter aditamentos por parte dos governos federal e estaduais, como é bem sabido e tornou-se parte dos autos da Operação Lava Jato, da PF. Obras sem controle de custo pipocaram no Brasil e acabaram sendo fonte generalizada de corrupção e financiamento de campanhas eleitorais. Mais uma vez, a extensão da participação social para essas áreas poderia ser positiva, uma vez que obrigaria a uma publicização das ações, o que inibe a corrupção. Ao mesmo tempo, pode permitir a identificação de desvios ou articulações para desvios de recursos públicos, muitas vezes de forma mais eficiente do que os organismos de controle.

Assim, a primeira agenda importante de um processo de reorganização do sistema político poderia ser uma extensão da participação social para a área de infraestrutura com o objetivo de democratizar essas obras e torná-las mais transparentes. Para isso, no entanto, é necessário superar a resistência de importantes lideranças conservadoras no Congresso ao aumento dessa participação, o que, por sua vez, exige modificar a forma de financiamento de campanha eleitoral, que torna hegemônicas essas lideranças no Congresso Nacional hoje. A recente aprovação pelo STF da proibição de doações de empresas para campanhas políticas pode ser um primeiro passo nesta direção.

O aumento da participação social só será possível se os limites do presidencialismo de coalizão forem tratados, e o principal deles é o que Nobre denomina de uma presença marcadamente conservadora no Congresso defendendo o *statu quo*, que hoje envolve proteger benefícios financeiros insustentáveis para os parlamentares; uma agenda moral regressiva contra mulheres e homossexuais, além da representação de interesses retrógados na economia que não permitem a modernização dos portos e da infraestrutura. No primeiro semestre de 2015, iniciativas de lei com esse conteúdo foram aprovadas pelo novo bloco sob a liderança de Eduardo Cunha.

Apenas com uma agenda que associe financiamento público de campanha eleitoral com participação social será possível pensar em um Congresso no qual não incidam tão fortemente a corrupção e os interesses privados.

Combate à corrupção e sistema político

Durante o ano de 2015 houve a indicação de diversos políticos envolvidos com a corrupção na Petrobras. A primeira entre as diversas listas de envolvidos, publicada em 6 de março de 2015, ficou conhecida como lista de Janot (Rodrigo Janot, o chefe do Ministério Público, relacionou os políticos envolvidos no escândalo). Com ela, alguns fatos sobre a corrupção no Brasil se tornaram ainda mais evidentes. Um deles é a incidência do esquema de corrupção no Congresso Nacional e na base aliada do governo. Estão presentes na lista de Janot os presidentes da Câmara e do Senado e mais de 10% dos membros do Senado pertencentes a cinco partidos, PP, PMDB, PSB, PT e PSDB. Assim, parece bastante comprovada a tese de financiamento ilegal de campanha feito com recursos públicos conseguidos em empresas estatais através da intermediação de empreiteiras. Ao longo do primeiro semestre de 2015 evidências levantadas pela Operação Lava Jato corroboraram esta tese. Esses esquemas de corrupção, que são diversos e estão distribuídos pelos diferentes partidos, produzem algumas consequências importantes: uma delas é a diminuição da capacidade de desenvolver infraestrutura no Brasil.

A infraestrutura brasileira esteve entre as piores do mundo em desenvolvimento por muitas décadas devido a um apagão de investimentos nessa área que durou quase vinte anos. Entre 1980 e 2007, o Brasil praticamente não investiu em infraestrutura, com exceção da área de energia. No entanto, nesse período no qual houve forte democratização da relação entre governo e sociedade, manteve-se uma estrutura de investimento nessa área. As grandes empreiteiras que existem no país hoje são exatamente as mesmas que dominavam o setor no fim do período autoritário. Mas, ainda pior, a forma como se relacionam com o governo é idêntica. Assim, ao mesmo tempo que ocorreu uma forte democratização da gestão na área de políticas sociais com participação e controle social, não houve nenhuma mudança de práticas na área de infraestrutura. Isso é evidenciado por pesquisas como a do Ipea, citada no Capítulo 2, que mostra quão pouco os gerentes dos principais projetos do governo na área de infraestrutura adotam a participação. Sabemos o resultado, além da fraca infraestrutura, o pipocar de casos de corrupção que deixa perplexa a opinião pública e aqueles que combatem a corrupção no país.

Mostrei no Capítulo 4 os avanços reais na luta contra a corrupção. O aumento do número de operações da Polícia Federal e do número de gestores afastados ou impedidos pelo Tribunal de Contas da União, a prisão de pessoas do alto escalão do governo por corrupção, o funcionamento mais apropriado do foro especial no STF – que tem produzido condenações – e, em meados de 2015, o atingimento do último elo dessa rede, a prisão de empresários especializados em obras de infraestrutura. Todos esses avanços no combate à corrupção são muito importantes e podem sinalizar aquilo que se espera, isto é, o aumento do custo de ser corrupto no Brasil, seja para os políticos, seja para os empresários que estão no elo oposto e complementar, sem o qual a corrupção não existe.

Mas não é possível ignorar que esse enorme esforço de combate à corrupção por agências do Estado brasileiro esbarra na forma de organização e financiamento do sistema político. O financiamento de campanhas eleitorais no Brasil é fundamentalmente privado e alguns dados são estarrecedores. Os deputados eleitos em 2014 receberam 70% do seu financiamento em doações privadas, tal como mostrado anteriormente, entre os quais tiveram participação destacada 67 doadores. Os dois principais candidatos à eleição presidencial de 2014 tiveram quase a totalidade dos seus gastos financiada pelas mesmas empresas. Quase todos os maiores doadores do Brasil estão envolvidos em esquemas de corrupção de obras públicas, e vemos uma distorção entre as maiores empresas e os maiores doadores, o que sugere que existam vantagens retroativas ligadas à doação de recursos para campanhas políticas.

É necessário mudar completamente o esquema de financiamento público de campanha, mas sabemos que essa não é a proposta do

Congresso Nacional. Com a eleição para a presidência da Câmara no dia 1º de fevereiro de 2015, Eduardo Cunha propôs uma agenda de aprofundamento do financiamento privado de campanha. Eduardo Cunha patrocinou a votação da PEC (proposta de Emenda Constitucional) 182, que não conseguiu alcançar maioria absoluta, apesar de ter tido o voto de 264 parlamentares. Em uma segunda votação, conseguiu aprovar financiamento privado para os partidos, mas não para as campanhas políticas. Com isso, temos hoje no Brasil um vácuo legal em relação ao financiamento de campanha que terá que ser decidido pelo STF, no qual foi recentemente finalizada a votação de ação de inconstitucionalidade do financiamento privado proposta pela OAB. Assim, mais uma vez é possível perceber onde se encontram os limites para o combate à corrupção: no sistema político e na maneira como ele impede uma reforma política que altere significativamente seu funcionamento. Ao mesmo tempo, a deslegitimação do sistema político na classe média não se estancará enquanto novas práticas não forem apontadas, como ficou claro nas manifestações de 15 de março de 2015.

Classe média, manifestações públicas e democracia

Desde junho de 2013, assistimos a uma crescente mobilização da classe média no Brasil, explicitada no capítulo anterior. As manifestações daquele ano foram um divisor de águas na política brasileira, tendo restaurado as formas de a classe média se mobilizar. Foi essa mesma classe média que se manifestou no dia 15 de março, a se julgar pelos locais e pelas cidades onde estas manifestações ocorreram. As manifestações ocorreram em Copacabana, na Praça da Liberdade (em BH) e na Esplanada dos Ministérios (em Brasília), com forte presença dos atores acima mencionados. Em Porto Alegre, uma das cidades do Brasil para a qual existem dados, segundo os Institutos Index e Amostra, apenas 5% dos manifestantes ganham entre um e dois salários mínimos; enquanto 22,7% recebem entre três e cinco salários; 31,9%, entre seis e dez e 40,5% ganham mais de dez salários mínimos (*Zero Hora*, 16 maio de 2015). Dessa maneira, a classe média está se manifestando e ocupando o espaço do protesto social, um fato em princípio positivo. No entanto, a pluralização da participação social tem se tornado rapidamente uma polarização da participação social, o que é preocupante para todos os que prezam a democracia.

Há claramente uma agenda negativa nas manifestações da classe média. Temos o terceiro momento seguido em que esse segmento se expressa fortemente contra o governo, com uma diferença principal. Enquanto em 2013 as manifestações tinham um leque de reivindicações, as manifestações de março de 2015 não apresentam demandas, e sim propõem a remoção da presidenta de uma maneira que estressa o processo político e as regras da democracia no país.[141] Portanto, a classe média passou de uma agenda positiva para uma agenda negativa em relação à democracia, o que certamente é preocupante. É preciso criar novamente uma agenda positiva capaz de unir os setores que correm o risco de disputar maioria e capacidade de mobilização nas ruas. Um dos pontos desta agenda pode ser a ampliação dos direitos sociais e dos serviços ligados à saúde e educação, que é um dos poucos itens da agenda social do governo a que a classe média não se opõe.

Superando os impasses da democracia no Brasil

Os parâmetros principais a partir dos quais o impasse da democracia no Brasil se manifesta são: de um lado, temos uma conjuntura de esgotamento da relação entre o Partido dos Trabalhadores e o presidencialismo de coalizão, que parece ter uma capacidade limitada de funcionar. O dilema em que a presidenta Dilma Rousseff se encontra depois das manifestações de 15 de março, 15 de abril e 16 de agosto de 2015 e a aceitação do pedido de impeachment de seu mandato, por Eduardo Cunha resumem bem essa relação. De um lado, o desgaste devido à perda de legitimidade causada por negociações próprias ao presidencialismo de coalizão caem no colo da presidenta desde junho de 2013. Por outro lado, o PMDB tornou-se independente da presidenta, o que tornou o sistema ainda mais instável. O ano de 2015 foi marcado por esse duplo conflito, que opôs PMDB e governo, e mostrou os limites do presidencialismo de coalização.

Indubitavelmente, a questão central do presidencialismo de coalizão é como produzir governabilidade, mas resolvê-la implica em enfrentar práticas políticas da coalizão que dificultam a produção dessa mesma governabilidade. Meu argumento é de que a instabilidade de hoje, que pode, é certo, ser em parte atribuída à inabilidade da presidenta, tem também um componente estrutural e está, sim, ligada aos diferentes escândalos de corrupção nos quais o Partido dos Trabalhadores esteve envolvido na tentativa de estabilizar uma ampla coalizão política no Congresso. Esta instabilidade está também ligada à maneira como o PMDB passou a operar na política brasileira a partir de 2013. Para este partido, a ocupação progressiva de todos os nichos de poder com a consequente falta de estabilidade do próprio exercício da administração pública não é um problema – pelo contrário, seria a solução. A dificuldade, no entanto, é que a opinião pública não vê a "peemedebização" da administração pública dessa mesma maneira. As negociações infindáveis por cargos públicos que atingem todos os ministérios oferecem uma sensação de vale-tudo que hoje cai na conta da presidenta e do PT. Por outro lado, a governabilidade também não é conseguida dessa forma, já que o PMDB disputa todo o tempo cargos entre as suas facções e não consegue estabilizar a relação entre governo e Congresso Nacional. Se essa constatação é verdadeira, há um limite claro na relação entre o PT e o presidencialismo de coalizão que afeta a governabilidade.

A segunda dimensão da análise é o problema apontado por Nobre e que exige uma atualização temporal para as manifestações de 2015. Para o autor, o PMDB é o problema da democracia brasileira, e o seu crescimento travará toda a agenda progressista do Congresso e da sociedade civil.[142] A eleição de Eduardo Cunha tende a confirmar parcialmente esse diagnóstico. Se, de fato, o Congresso Nacional permanecer com a atual configuração e com um líder que vai a uma CPI – como Eduardo Cunha foi em 11 de março de 2015 – para se defender de forma demagógica, apesar de acusações evidentes de corrupção que não são as primeiras,[143] provavelmente haverá uma acentuação da crise política. As chamadas "pautas-bombas" apontam na mesma direção.

É verdade que, no momento em que escrevo as partes finais deste livro, o centro da crise política na sua dimensão pública passou a ser a insatisfação da classe média, principalmente da paulistana, com o governo Dilma Rousseff e uma insatisfação generalizada com Eduardo Cunha, expressa na pesquisa Datafolha de 29 de novembro de 2015, em que 81% da população se manifestou favorável ao afastamento do presidente da Câmara. No entanto, parece pouco provável que, se a crise continuar tendo como um dos seus centros a questão da corrupção, vá poupar o PMDB . Ainda assim surge, no momento em que este livro está sendo escrito, a hipótese de uma rearticulação do sistema político brasileiro em torno de Michel Temer, o vice-presidente em caso de impeachment. Certamente, esta seria uma forma de aprofundar os impasses da democracia brasileira, tornando o problema da legitimidade ainda maior. As denúncias contra Eduardo Cunha são muito mais graves do que as existentes contra outros membros do sistema político – e tudo indica que elas vão muito além da Petrobras; e envolvem votações de medidas provisórias em diversas áreas. Deste modo, o atual presidente da Câmara dos Deputados e o vice-presidente da República constituem o centro de uma articulação peemedebista, que torna a governabilidade muito difícil.

Assim, o argumento de Nobre é só parcialmente correto. A constituição de centro conservador sob a hegemonia do PMDB no Congresso aponta tanto para o auge quanto para o declínio do peemedebismo, e pode até mesmo apontar para a passagem do impasse a uma grave crise de legitimidade. Ainda que pareça pouco provável que o partido vá ser poupado ao final desse impasse, com a aceitação, por Cunha, do pedido de impeachment da presidenta, talvez esteja em seus momentos finais. Não parece claro de forma nenhuma que o peemedebismo poderá se estabilizar como forma hegemônica de fazer política no Congresso, tal como está estruturado hoje. Nem as instituições de controle, como ficou patente na lista de Janot, nem a sociedade civil que está se manifestando vão tolerar tal fato. Assim, uma solução dos impasses da democracia a favor do peemebismo, ou do vice-presidente, Michel Temer, parece improvável e poderia jogar o país em uma crise profunda, pois não resolveria o problema da corrupção e da utilização indevida da máquina pública.

A terceira dimensão a ser analisada são a participação e as manifestações públicas que voltaram com força nos meses de março, abril e agosto de 2015. Ocorreu o fim de um longo período que vai de 1964 a 2013, no qual a direita brasileira renunciou à mobilização popular. Entre 2013 e 2015, houve diversos momentos de polarização da mobilização social no Brasil. Ainda durante as manifestações de 2013 assistiu-se tanto a momentos com grande mobilização e agendas de esquerda, como a reforma urbana e a democratização das obras da Copa do Mundo, quanto a pautas conservadoras relacionadas a questões morais. O mesmo panorama se vislumbrou em 2014, com diversas mobilizações conservadoras e progressistas, algumas ocorridas durante a campanha eleitoral. E, finalmente, repetiu-se a mesma dinâmica no mês de março de 2015, mas com uma diferença fundamental: as manifestações conservadoras contra o governo tiveram uma dimensão muito maior do que as mobilizações do campo histórico participativo. Isso ocorreu tanto em março quanto em agosto. Como entender essa evolução ou involução da participação?

Temos, em primeiro lugar, de abdicar de uma análise simplista, como a de Paulo Arantes, da participação. Nem todas as manifestações são revoltas populares, nem todas as revoltas populares são contra o capitalismo e a favor da democracia. Na verdade, a grande questão da mobilização social, como dizia Alberto Melucci,[144] é quem estabelece o campo de conflito em torno do qual se dá a mobilização social e quais são os pontos principais dessas mobilizações. No caso do início de 2015, temos uma mudança de orientação, com o governo e a corrupção ocupando o seu centro. Ainda assim, é importante apontar para a seletividade das manifestações contra a corrupção, que insistem em colocar o Executivo no centro de um escândalo que atinge mais de 10% dos membros do Congresso Nacional. Nesse sentido, se ocorreu uma revolta com tonalidade progressista em 2013, o que há em 2015 é uma contrarrevolução conservadora com presença nas ruas.

A DEMOCRACIA E A SAÍDA PARA O IMPASSE POLÍTICO

Se em 2013 o centro da insatisfação eram as ruas, neste momento o ponto de destaque reside no complexo midiático com as ruas como mero acessório retórico. Mesmo assim, a pergunta fundamental é como as forças progressistas no Brasil podem retomar a iniciativa, e a resposta é: com uma agenda progressista em relação à corrupção.

A questão que aparece como central neste caso é: por que o campo participativo que se mobilizou em 2013 por uma agenda de mudanças não se mobilizou fortemente no começo de março de 2015? Ofereço duas respostas baseadas nas discussões dos capítulos anteriores: as negociações para nomeação de cargos políticos com o Congresso Nacional e os casos de corrupção desmobilizam a base do governo progressista no Brasil. O campo progressista quer de fato menos corrupção, é menos envolvido em corrupção do que os setores conservadores, que historicamente levantam a bandeira da corrupção apenas em momentos em que isso abala a correlação de forças no país. No momento, em que Eduardo Cunha aceitou o pedido de abertura do impeachment da presidenta, houve forte convergência em torno do governo e renovação da sua capacidade de mobilização. Isso mostra que certa desmobilização do campo participativo ao longo de 2015 pode ter sido provisória.

Em defesa do governo progressista, o que podemos dizer é que sua postura criou uma forte institucionalidade de combate à corrupção. A reforma administrativa da Polícia Federal em 2004, a ampliação do número de delegados na PF, a elaboração da ideia de operação integrada com o Ministério Público e a Receita Federal são avanços importantíssimos deste período. Mas não serão capazes de mobilizar os movimentos sociais e um campo de esquerda no país se os políticos do Partido dos Trabalhadores continuarem alvos de operações importantes dessa mesma Polícia Federal. Neste sentido, foi muito positivo o tema em torno do qual se deu a rearticulação do PT em 2015, a não salvação de Eduardo Cunha no Conselho de Ética na Câmara. Aqui se pode notar a profundidade do dilema petista: estabilizar o mandato de uma presidenta que não consegue produzir governabilidade ou retomar a tradição de um partido que não transige nas questões da corrupção. O posicionamento da bancada do PT contra Cunha, anunciado em 2 de dezembro de 2015, teve o papel de retomar a capacidade de mobilização do partido no parlamento, nas ruas e nas redes sociais.

O momento atual é de profunda reorganização do governo e do Partido dos Trabalhadores para que volte a ter legitimidade entre os seus principais apoiadores e entre os setores progressistas e readquira a capacidade de ocupar o espaço público com uma agenda progressista, o que começou a ocorrer no momento em que o partido se posicionou contra Eduardo Cunha no Conselho de Ética. Somente com uma agenda contra a corrupção e pela reforma política que não seja contraditória com a ação dos seus parlamentares, o PT e o governo poderão recuperar a iniciativa em relação a mudanças positivas na sociedade brasileira. Esta seria a melhor saída para o impasse, que deveria contar com um apoio decisivo de outros setores políticos no Brasil. É possível que este seja um dos desfechos do processo de impeachment contra a presidenta, iniciado em 2 de dezembro de 2015.

Mas é possível pensar em outro cenário mais preocupante que pode eventualmente transformar os impasses da democracia em uma crise. Trata-se de um cenário no qual a corrupção deixa de ser uma questão de aprimoramento institucional e passa a ser uma pauta seletiva utilizada contra o governo e alguns partidos, ao mesmo tempo que outras suspeitas são amplamente ignoradas. Não tenho nenhuma dúvida que a Operação Lava Jato tem caminhado nesta direção. Evidências muito fortes contra o PSDB e em especial contra o senador Aécio Neves foram fortemente ignoradas, como foi o caso do depoimento do doleiro Alberto Yousseff acerca da lista de Furnas. Ao mesmo tempo, evidências completamente indiretas em relação a alguns políticos do PT, como Lindberg Farias e Gleisi Hoffmann, passaram a fazer parte da Lava Jato. O risco é que a Lava Jato se partidarize e coloque o Brasil em um cenário parecido com aquele de 1954 e 1964. E, por fim, mesmo no caso do PMDB, a operação Lava Jato tem sido fortemente seletiva em especial a respeito da participação do vice-presidente Michel Temer em desvios de recursos da Petrobras. No entanto, está evidente que o amadurecimento institucional do país com a ação decisiva do Ministério Público e do Supremo Tribunal Federal torna esse cenário pouco provável. A decisão do STF de aceitar o fatiamento da Lava Jato,

A DEMOCRACIA E A SAÍDA PARA O IMPASSE POLÍTICO

transferindo investigações para outras varas da justiça federal, aponta no sentido de colocar limites à partidarização desta operação. A ação forte e decisiva do ministro do STF no caso Delcídio do Amaral aponta na mesma direção. A saída dos impasses da democracia implica punir culpados de casos graves de corrupção sem partidarizar suas ações ou estabelecer falsos contrastes sobre quem recorre ao financiamento ilegal de campanha que, tal como foi mostrado anteriormente, são todos os principais partidos políticos do país.

A ampla manifestação da classe média paulistana e de algumas outras capitais do país contra o governo em março de 2015 mostra o que há de problemático em uma estratégia midiática e não institucional de luta contra a corrupção que não aborde os problemas do sistema político. Ela tende a demonizar alguns atores políticos e ser fortemente acrítica em relação a outros. Apenas mudando regras do financiamento de campanha é possível pensar em uma solução contra a corrupção que satisfaça a cidadania brasileira no longo prazo, que é a melhor maneira de superar a crise atual.

A democracia brasileira é forte e pujante. Nos trinta anos que se completaram, no dia 15 de março de 2015, desde a saída dos militares do poder, o Brasil construiu uma forte cultura democrática. O novo papel do Judiciário, a maturidade nas relações entre os poderes e principalmente os resultados substantivos gerados pela democracia brasileira, como a estabilidade econômica e a diminuição da desigualdade social, reforçam essa visão. Os avanços não permitiram, no entanto, que a democracia se livrasse de algumas das suas mazelas históricas, entre as quais, a corrupção.[145] Vale a pena acrescentar que a sociedade, assim como o sistema político, tem as suas máculas, como por exemplo, uma classe média fortemente acostumada a privilégios, que hoje tem que disputar vagas em universidades públicas e se posicionar pela melhora dos serviços de saúde. Assim, existe o espaço para uma classe média progressista. Consolidar este espaço é fundamental para desenvolver a política progressista no Brasil.

Duas questões se colocam para a democracia brasileira hoje. A primeira é evitar uma expressão de intolerância, que tem se manifestado tanto na política quanto na sociedade. Estamos muito longe do tipo de brasileiro que Sérgio Buarque de Holanda chamou de homem cordial, provavelmente um mito, já que o país expressa tantas formas de intolerância.[146] Mas é inegável que pontes importantes foram construídas entre os diferentes setores da sociedade brasileira pela nossa jovem democracia. Pontes entre brancos e negros, ricos e pobres, membros de diversas denominações religiosas, entre outros grupos. Evitar que estas pontes sejam rompidas é fundamental para a democracia, que exige como cenário para o bom funcionamento das instituições políticas uma cultura de tolerância e pluralidade valorativa.

Em segundo lugar, é necessária a manutenção de algum consenso procedimental em um momento tão grave. No momento em que este livro está sendo concluído, uma grave violação de procedimentos democráticos ocorreu na eleição da comissão do impeachment na Câmara dos Deputados. Foi estabelecido o voto fechado, que contraria o princípio da publicidade, parte fundamental da herança da Constituição de 1988. Este procedimento terminou suspenso pelo STF, mas o fato de ele ter sido posto em prática coloca em dúvida, neste processo, a manutenção de procedimentos democráticos.

O impasse político que o Brasil está enfrentando apresenta diversos desafios para a qualidade da democracia no país. De um lado, o país precisará romper com os elementos de intolerância que se manifestam na oposição, seja aquela que está no Congresso e a que se manifesta nas ruas, como nos grupos de apoio ao Governo. De outro, para ultrapassar esse período de impasse na democracia brasileira, é necessário tratar os problemas com soluções institucionais, tal como a democracia brasileira, desde 1988, tem atuado. O processo de impeachment em curso coloca amplos desafios em ambas as direções e, eventualmente, se não for conduzido de forma procedimentalmente adequada, poderá transformar este impasse em uma crise da democracia. A saída do impasse atual da democracia brasileira implica estabelecer um forte acordo procedimental sobre as formas de saída da crise e, ao mesmo tempo, barrar todas as formas de intolerância e negação de direitos que têm se manifestado na sociedade. Apenas a produção de soluções por meio das instituições políticas permitirá que a democracia saia mais forte de cada um dos impasses analisados neste livro.

Posfácio

Dos impasses à crise da democracia

O livro *Impasses da democracia no Brasil* foi escrito durante o ano de 2015. Teve como cenário uma conjuntura fortemente atípica da democracia brasileira, que acabou levando à aprovação da admissibilidade do impeachment da presidenta Dilma Rousseff, à suspensão do exercício do mandato do presidente da Câmara, Eduardo Cunha, e a intensos conflitos internos no Poder Judiciário. Naquela ocasião, defendi a tese de que havia um *impasse na democracia*, diferente de uma *crise* – o impasse brasileiro poderia ser entendido como "(...) uma crise de crescimento e de evolução da cultura democrática no país". A ideia é de que havia problemas em nosso sistema político, em especial, a incidência da corrupção e a deslegitimação da forma de fazer coalizões políticas, as quais incidiam sobre a prática política e geravam insatisfação com a própria democracia. Apontei também que o acentuado descontentamento da classe média com o governo e o contexto era o cenário social para os impasses vividos pela democracia brasileira.

Podemos argumentar na direção de uma crise da democracia em 2016, vinculada a três pontos: em primeiro lugar, o funcionamento atípico de todas as instituições, em especial do Congresso Nacional e do Poder Executivo; em segundo lugar, a forte politização do Poder Judiciário a partir de março de 2016; em terceiro lugar, a divisão da participação popular, que se acentuou nos primeiros meses deste ano e afetou a confiança dos brasileiros no sistema político. Todos esses elementos são parte de uma crise que não será estabilizada a partir da solução fácil e legalmente questionável dada pelo Congresso Nacional – a substituição da presidenta Dilma Rousseff pelo seu vice-presidente, Michel Temer. O político paulista foi um dos articuladores daquilo que podemos chamar de "*recall* congressual", ou seja, o cancelamento do mandato da presidenta realizado pela Câmara dos Deputados[147] e pelo Senado Federal a partir de um processo sobre o qual pairam contundentes dúvidas legais.

A solução para a crise, pelo contrário, parece precisar se vincular a grandes mudanças na representação e na organização do sistema político, cujos pontos mais problemáticos são reforçados pelo grupo que chega ao poder ancorado na tríade: PMDB, loteamento de cargos políticos e expulsão dos movimentos sociais e das minorias da política. Esses três componentes não serão capazes de estabilizar a crise, porque existe intensa incompatibilidade entre eles e a opinião pública, mesmo aquela que se posicionou pelo impeachment da presidenta nas manifestações de março, abril e agosto de 2014 e de março de 2015. Neste posfácio, procurarei mostrar os principais elementos que transformaram os impasses da democracia em crise das instituições democráticas.

A politização da Lava Jato e a partidarização do Poder Judiciário: os impasses se acentuam

O ano de 2016 começou às seis da manhã de 4 de março, quando a Polícia Federal chegou à casa do ex-presidente Luiz Inácio Lula da Silva com mandado de condução coercitiva expedido pela 13ª vara da Justiça Federal, dirigida pelo juiz Sérgio Moro. Esse momento significou uma mudança de patamar em relação a alguns impasses da democracia apontados nos Capítulos 4 e na Conclusão deste livro. Se, por um lado, o fortalecimento das assim chamadas *instituições de controle* foi uma demanda da sociedade para reduzir a impunidade – em especial a de crimes praticados pelo sistema político –, sempre houve uma zona nebulosa em relação a isso, pois essa área envolve os riscos de politização da justiça e de aumento de poder político de uma corporação que não se legitima na soberania popular.

Os principais fatos ocorridos naquele dia são conhecidos, e serão narrados apenas quando auxiliarem a análise. A condução coercitiva do ex-presidente Lula, tal como outras ações da operação Lava Jato, teve objetivo tanto político quanto legal. O objetivo político, bastante claro, era desgastar a imagem do ex-presidente, que segue aparecendo entre os primeiros colocados nas pesquisas para as eleições presidenciais de 2018 e cujo nome era cotado para a Casa Civil, em uma possível reforma ministerial. Isso sem mencionar os problemas jurídicos da forma como a condução coercitiva tem sido utilizada pela operação Lava Jato.[148] A reação de diversos atores políticos e do próprio Lula alterou a conjuntura do início de março. Enquanto o ex-presidente ainda se encontrava no Aeroporto de Congonhas, organizou-se firme reação ao processo de condução coercitiva, cujos agentes propiciadores, jamais confirmados oficialmente, foram soldados da aeronáutica e atores sociais. Liberado pela Polícia Federal, Lula dirigiu-se ao diretório do Partido dos Trabalhadores, onde fez um discurso com vigoroso impacto político na seletividade das investigações da operação Lava Jato. O interrogatório do ex-presidente, divulgado alguns dias depois, mostrou um delegado malpreparado fazendo perguntas que poderiam ter sido respondidas em qualquer lugar – o que confirma o uso político da condução coercitiva.

A disputa entre Sérgio Moro e Lula escalou para um nível completamente político nas semanas seguintes e atingiu seu clímax no dia 16 de março, quando foi anunciada a ida do ex-presidente para a Casa Civil. O juiz Moro reagiu à nomeação de Lula liberando um conjunto de gravações realizadas pela equipe da operação Lava Jato em relação ao ex-presidente. Essas gravações incluíam conversas da esposa de Lula com os filhos, de Lula com ministros, além de gravações das conversas de 21 advogados do escritório que representa o ex-presidente e de uma conversa entre Lula e a presidenta Dilma Rousseff. Uma série de problemas legais esteve envolvida nestas gravações e, principalmente, na divulgação delas. Reguladas pela Lei 9.296/96, estabeleceu-se um conjunto de princípios para as interceptações telefônicas, entre eles descartar o que não for do interesse do processo, como é o caso das conversas familiares. Outras leis regulamentam as interceptações se nelas estiverem envolvidas autoridades com foro especial.

Como foi mostrado no Capítulo 4, este sempre foi um problema da operação Lava Jato. Em função de uma falsa concepção de eficiência do processo de investigação, foram relativizados importantes elementos do trâmite judicial, como, por exemplo, a ideia do foro que a Lava Jato desprezou para chegar a atividades de empreiteiras que não têm sede em Curitiba e que não estão relacionadas com a Petrobras. Nenhuma dessas questões foi considerada, pelo menos até a publicação do manifesto da Associação Nacional dos Advogados Criminais, em 16 de janeiro de 2016. De todas as formas, no momento em questão o juiz Sérgio Moro claramente ultrapassou limites judiciais, chegando a pedir desculpas ao Supremo Tribunal Federal. Ainda assim, não precisou responder legalmente por qualquer um de seus atos.[149]

O problema de fundo, subjacente a este episódio, seria compreender como deve ser a relação entre as instituições, em especial entre o Judiciário e o Executivo, para propiciar um equilíbrio entre os poderes que seja saudável para a democracia. No caso da operação Lava Jato, sua politização somente se tornou aberta a partir de março de 2016, ainda que em 2015 houvesse claros sinais nesta direção. A operação acabou gerando conflitos importantes entre o STF e o Executivo, que irão marcar as instituições políticas brasileiras nos próximos anos. A doutrina da divisão e do equilíbrio entre os poderes sugere que nenhum poder deve estar acima do outro, como afirma Alexander Hamilton no *Federalista*. No caso brasileiro, o fortalecimento do Poder Judiciário, tratado no Capítulo 4, foi em geral bem-vindo, devido à forte tradição de um Poder Executivo de cunho imperial

DOS IMPASSES À CRISE DA DEMOCRACIA

no país. Mas sempre trouxe embutido um risco, dado o passado da corporação jurídica brasileira.

O risco, evidentemente, é que em vez de o Poder Judiciário utilizar as suas prerrogativas para fortalecer o Estado de Direito, a transparência e estabelecer um equilíbrio maior entre as instituições, os seus membros passem a se apropriar de forma individual e seletiva das prerrogativas desse novo poder. Indícios de todos estes problemas, que ampliam os impasses da democracia brasileira, ocorreram nos meses de março e abril. O impedimento da posse de Lula na Casa Civil e a não decisão do Supremo sobre o pedido de afastamento de Eduardo Cunha mostraram que, ao invés de caminharmos para uma contribuição das instituições judiciais para a solução dos impasses, tivemos um fortalecimento do poder Judiciário pela via da sua politização. O resultado foi apenas a perda de legitimidade do poder Judiciário, cuja atuação passou a não ser mais vista de forma politicamente neutra. Se, como afirmei na conclusão deste livro, não há uma saída judicial para a crise, é importante perceber que uma saída política ilegítima com apoio judicial pode ser o pior encaminhamento possível.

A deterioração da representação exercida pelo Congresso Nacional

Os primeiros meses do ano de 2016 acentuaram a perda de legitimidade do Congresso Nacional. Certos fatos que nele vinham se manifestando nos últimos anos já eram fortemente preocupantes, como os lobbies que se opuseram à votação da medida provisória dos portos, além dos crescentes elementos religiosos que passaram a se expressar em leis que ferem direitos – dois exemplos de problemas graves. Por fim, certa tolerância em relação ao financiamento ilegal de campanha constituía indício e gerava preocupação em relação à chamada "casa do povo". Mas nada foi tão grave quanto a incapacidade do Congresso de concluir em tempo hábil o processo de afastamento de Eduardo Cunha da presidência da Câmara dos Deputados. Esta incapacidade foi mais grave porque rompeu com um pacto informal que existia na Câmara de que a revelação de atos grandes ou pequenos de corrupção sempre implicava o afastamento do presidente da casa. Foi assim com Ibsen Pinheiro, logo após o impeachment do ex-presidente Collor, e foi assim com Severino Cavalcante, no meio da crise do mensalão em 2005.

Eduardo Cunha rompeu com esse preceito. Desde a revelação, pela Procuradoria Geral da República, de que ele era o detentor de contas em um banco suíço, foi aberto um processo na Comissão de Ética da Câmara dos Deputados. Esse processo, no entanto, não caminhou em função de uma enorme articulação do próprio Cunha no interior do Congresso Nacional. Em primeiro lugar, Cunha atacou fortemente os membros do Conselho de Ética, em especial o seu presidente José Carlos Araújo. Mas não são os ataques o que melhor caracteriza a defesa do deputado acusado e sim o objetivo deliberado de obstruir o processo. Este objetivo foi alcançado pela apresentação de um conjunto de requerimentos para a anulação das sessões e relatórios. Tais requerimentos, quando rejeitados, motivam recursos que são enviados à mesa do Congresso, em que o vice-presidente, o deputado Waldir Maranhão, limitou diversas vezes o escopo da investigação. Ao mesmo tempo, o próprio Cunha utilizou diversas manobras regimentais possíveis, chegando inclusive a mudar o horário das sessões da Câmara para que a Comissão de Ética não pudesse realizar o seu trabalho. Esta acabou por sugerir a cassação do mandato de Cunha em junho de 2016, depois de quase seis meses em que todas as questões que levaram ao adiamento de uma decisão estiveram ligadas ao lobby montado pelo deputado para sua própria defesa.

O processo de responsabilização de Eduardo Cunha mostra que a incidência da corrupção e do crime no Congresso Nacional mudou de patamar. Cunha não é um representante do baixo clero ou de uma concepção instrumental de corrupção que se manifesta desde sempre na política brasileira. Ele foi um líder fortíssimo, que institucionalizou a corrupção no Congresso, em primeiro lugar, pela sua capacidade de financiar campanhas de outros parlamentares. Esses parlamentares, extremamente fiéis a ele, modificaram a dinâmica do parlamento, porque não estavam interessados nos objetivos maiores da casa ou mesmo em manter a aparência de um Congresso relativamente imune à corrupção. Assim, acabou a cargo do STF a obrigação de agir em relação a tais desvios de conduta, tornando os impasses da democracia ainda mais graves.

A demora do STF em relação ao pedido de afastamento de Eduardo Cunha foi uma das questões que marcaram o primeiro semestre de 2016, e cuja solução não parece ter sido a mais adequada. O processo de afastamento dele da presidência da Câmara ficou parado com o ministro Teori Zavascki desde o final de dezembro até o dia 5 de maio de 2016, isto é, até algumas semanas depois do afastamento da presidenta Dilma pela Câmara. No dia 5, finalmente foi decidido por unanimidade pelo STF o afastamento de Eduardo Cunha. Reconhecidamente, esse afastamento representou um complicado problema legal, pois, como é possível depreender da decisão tomada por Zavascki, na qual ele afirma a excepcionalidade da medida: "Nesse sentido, reputa presente a necessidade de aplicação da medida cautelar prevista no art. 319, VI, do Código de Processo Penal, que prevê a suspensão da função pública, quando houver justo receio de sua utilização para a prática de infrações penais." Fortes dúvidas pairaram sobre a decisão de Teori, tanto em relação a sua legalidade quanto em relação a sua oportunidade. De fato, a Constituição nada diz sobre a possibilidade de afastamento do chefe de um dos poderes por membros de outros poderes e, certamente, podemos argumentar que essa decisão é excepcional. De outro lado, como bem argumentou o Procurador-Geral da República, Cunha transformou a Câmara em um balcão de negócios utilizando sua influência política e financeira para bloquear o próprio processo de impeachment. De modo que, assim, tratou-se de uma medida cautelar colocada para o Supremo Tribunal Federal a fim de proteger as instituições – no caso, a Câmara dos Deputados e também o Poder Executivo – de atividades criminosas. No fim, o ministro Teori Zavascki aceitou essa intepretação.

A concordância com a argumentação da Procuradoria-Geral da República pelo ministro Teori Zavascki, no entanto, gerou fortes dúvidas em relação à própria legitimidade do processo de impeachment da presidenta. Tais dúvidas se assentaram em dois aspectos que precisam ser discutidos aqui: o primeiro deles é de que teria havido pressão *interna corporis*, ou seja, pressão por parte da corporação, no caso o STF, para que o ministro aceitasse o processo. Foi apenas então que o ministro Teori aceitou pautar a sua decisão – tendo sido unânime entre os 11 ministros do Supremo. Mas esta justamente é a base do forte questionamento posterior quanto à decisão. O pedido da Procuradoria-Geral da República falava em medida cautelar e pedia que ela fosse examinada imediatamente devido à forma como Cunha conduzia a Câmara dos Deputados. Pois então, em nenhuma votação esse modo de conduzir ficou mais evidente do que na própria decisão sobre o afastamento da presidenta, que ficou, assim, maculada, tanto pela demora quanto pelo seu conteúdo. Ou seja, como é possível que uma decisão como esta, que implicava a remoção do presidente da Câmara, só tenha se tornado urgente depois que ele encaminhou o pedido de impeachment contra a presidenta? Não é possível imaginar nada mais urgente do que oferecer neutralidade àquele processo, atitude que não foi tomada pelo Supremo Tribunal Federal. Fica, portanto, a dúvida sobre se a demora do ministro Teori para decidir a remoção do presidente da Câmara foi um ingrediente fundamental na aprovação do impeachment da presidenta ou não.

Podemos afirmar, em relação ao Congresso Nacional, que existem sérias dúvidas sobre as ações tomadas nos anos de 2015-2016. Estas dúvidas se assentam tanto no número de deputados acusados pela operação Lava Jato, quanto na forma como se deu a remoção da presidenta e nas ações levadas a cabo pelo Congresso após a posse do presidente Michel Temer. Em cada um desses casos, pode-se notar a ampla presença de lobbies e de interesses privados e pouco ou nenhum interesse em relação à governabilidade. Ainda mais grave, tal como irei mostrar em relação ao governo Temer, é a instauração de uma pesada agenda antidireitos associada a uma agenda pró-corporações estatais. Ambas as agendas não parecem estar em sintonia com a opinião pública, apontando para os novos enfrentamentos políticos dos próximos anos.

A crise do Executivo, o impeachment de Dilma Rousseff e o governo Temer

A crise brasileira é uma crise dos três poderes, mas é, fundamentalmente, uma crise do Poder Executivo e da forma como este produziu a governabilidade no período 1994-2015. Tratei deste problema no primeiro capítulo do livro, quando abordei o presidencialismo de coalizão. Essa forma de governar produziu uma governabilidade a custos não medidos, vindo a contaminar o poder mais ativo entre os três e que, em geral, estabiliza a governabilidade no Brasil, o Poder Executivo. A presidenta Dilma teve um papel nesse enfraquecimento, na medida em que acabou aceitando decisões do STF que eram da alçada exclusiva da presidência, ou na medida em que não questionou suficientemente os vazamentos das delações premiadas que enfraqueceram o seu controle sobre a Polícia Federal. Ainda assim, os primeiros sessenta dias do presidente interino, Michel Temer, mostram que existe um processo claro de enfraquecimento da presidência, independentemente de seu ocupante. O motivo está em um controle absoluto do Congresso, em especial da Câmara, sobre a pauta da estabilização econômica, controle este que é particularista, corporativo e patrimonialista, tornando o próprio ajuste fiscal quase impossível. Assim, a crise atual é a expressão de um enfraquecimento do Poder Executivo em geral: na sua capacidade de agenda, na sua independência em relação ao Poder Judiciário e na sua capacidade de gerir a economia e o ajuste fiscal sem uma interferência desestabilizadora do Congresso Nacional.

É possível afirmar que os primeiros sessenta dias do presidente interino expressaram um agravamento de todas as dimensões da crise. Michel Temer assumiu a presidência da República (no dia 12 de maio de 2016) com uma agenda própria, completamente diferente do programa da chapa pela qual foi eleito – agenda expressa pela Medida Provisória 726 de 12 de maio de 2016. O primeiro objetivo da medida provisória foi negar qualquer relação entre o novo governo e a pauta anterior de direitos sociais e de diversidade cultural, sexual e de qualquer outro tipo. A MP extinguiu todas as secretarias especiais ligadas a direitos, como a de políticas especiais para as mulheres ou de promoção da igualdade racial, mudou o status dos Ministérios do Desenvolvimento Agrário e o da Cultura, tornando-os parte de outras pastas. Ainda que possa ser argumentado que o motivo principal da extinção de todas essas secretarias especiais e ministérios tenha sido econômico, acho difícil sustentar tal argumento. Afinal, o aumento dos salários do Judiciário[150] e das carreiras nobres do Executivo (Advocacia da União e Defensoria Pública), pedidos pelo presidente na semana seguinte, tiveram um impacto muito mais elevado do que os cortes dos ministérios. Ao mesmo tempo, ministérios sem qualquer função, como o do Turismo, não foram afetados pelas medidas iniciais. Assim, a melhor teoria em relação à Medida Provisória 726 é a de que o seu objetivo foi simbólico. Buscou-se sinalizar para os atores conservadores do Congresso e da sociedade que o período de expansão dos direitos e de inserção de agendas sociais humanitárias no Executivo estava chegando ao fim.

A segunda característica do governo Temer é bastante compatível com a primeira, envolvendo o questionamento da implementação política ampla de direitos constitucionais. Através dessa agenda, começou-se a enfocar a espinha dorsal da área social, expressa nas políticas de saúde, educação e previdenciária. A primeira semana do governo Temer foi marcada por diversos balões de ensaio em relação à área social. Em relação à saúde, o novo ministro Ricardo Barros, em entrevista ao jornal *Folha de S.Paulo*, afirmou que o país não conseguiria sustentar o acesso universal à saúde. Segundo ele: "Temos que chegar ao ponto de equilíbrio entre o que o Estado tem condições de suprir e o que o cidadão tem direito de receber."[151] Esta também foi a tônica do pronunciamento do novo ministro da Educação, que, apesar de não ter proposto uma reformulação da área, suspendeu inscrições para os três principais programas do ministério: o Pronatec, o Fies e o Prouni. Por fim, o ministro da Fazenda Henrique Meirelles colocou em questão o aspecto constitucional e o equilíbrio dos programas da previdência social ligados à proteção social. O governo Temer anunciou, então, a maior regressão em relação aos direitos conquistados desde a promulgação da Constituição de 1988, o que mais uma vez aponta para a conjuntura atípica que presenciamos, na qual um vice-presidente tornado interino realizou mudanças profundas no governo e, por que não dizer, na forma de organização das políticas sociais, sem ter um mandato eleitoral autorizando tais ações.

A instabilidade do governo interino derivou de três problemas: o primeiro, praticamente insanável, é a falta de legitimidade, seja do ato que conduziu Temer à presidência, seja das ações posteriores que introduziram uma dinâmica antidireitos e antissocial no Poder Executivo. Surpreendentemente, essa dinâmica acabou tendo duas ancoragens: uma no Congresso e outra no mercado. Congresso e mercado, por motivos diferentes e talvez opostos, dão sustentação ao novo presidente.

No caso do Congresso, trata-se de ver qual o preço que o presidente está disposto a pagar para a legitimação da forma pouco ortodoxa pela qual ele chegou ao poder. Assim, quando assistimos a um aumento dado aos servidores do Poder Judiciário ou à aceitação da renegociação das dívidas dos Estados, percebemos que o que está em jogo é uma tendência do atual presidente a modificar o lugar de legitimação política. Não se trata mais de buscar a aprovação da opinião pública – diga-se de passagem, nenhuma pesquisa de opinião pública foi publicada pela grande mídia brasileira entre os dias 11 de abril e 20 de junho, corroborando a tese de que a legitimação do governo seria dada apenas pelo Congresso e pelo mercado.

No caso do mercado, um tema que não foi abordado neste *Impasses da democracia no Brasil*, percebe-se claramente uma mudança de posição de longo prazo. Desde a nossa redemocratização, temos no Brasil um divórcio parcial entre mercado e política. Esse divórcio começou na elaboração da Constituição de 1988, quando a expansão dos direitos sociais e do papel do Estado não foi contra-arrestada pelo mercado. Os interesses conservadores na Constituinte foram retrógados economicamente, como o dos grandes proprietários de terras improdutivas ou dos especuladores de terras urbanas, e não envolveram os interesses dos setores mais modernos economicamente, como seria o caso da indústria. A primeira reação de setores econômicos à agenda da democratização se deu na eleição de Fernando Collor de Mello, mas se mostrou efêmera quando ficou claro que a agenda econômica de Collor era "pseudoliberal" e nitidamente regressiva. Mesmo durante o governo Lula, a reação inicial do mercado ao seu governo foi positiva, apesar do assim chamado "terrorismo econômico" do período eleitoral. Assim, há de fato uma mudança de perspectiva dos atores econômicos, que se tem exponenciado em uma agenda antidireitos que não pretende se submeter ao voto dos eleitores. Essa agenda consegue apoio do Congresso ainda que seja evidente a contradição com o discurso liberal deste grupo. A maneira como a base de apoio do governo Temer atua torna o Estado brasileiro improdutivo e incapaz de exercer um papel positivo na questão econômica. Assim, parece clara a opção por parte do governo Temer por apoio no Congresso sem oferecer muitas oportunidades de reação por parte da opinião pública.

Ao buscar o apoio de um Congresso no qual mais da metade dos seus membros estão implicados na operação Lava Jato e cuja legitimidade é baixíssima, o governo Temer marca o fim de um período que podemos genericamente denominar de Nova República. Esse período foi caracterizado por uma aliança entre o centro e a esquerda, permitindo a ampliação dos direitos sociais e a efetivação de um programa político de esquerda. O PMDB foi parte central dessa aliança, tal como mostrado no capítulo 1 deste livro. A opção do partido pelo rompimento, como mostramos, evidenciando que tal aliança estava em franca crise, por si só não marcaria o término de um período. O que de fato significou o fim deste período é a tentativa de regressão dos direitos e do papel do Estado, características do governo Temer. Ocorre, neste caso, uma reoligarquização da política brasileira, com uma agenda política e econômica bastante estreita. O fato de o governo se ancorar no Congresso e no mercado para realizar uma mudança que não foi sancionada eleitoralmente e provavelmente não o será, marca, assim, o fim de um período de convergência entre o Congresso, o Judiciário, os partidos e a sociedade civil sobre uma pauta progressista de ampliação de direitos e de governo democrático. O fim desta pauta coincide, então, com o fim da Nova República.

A crise política e o problema da tolerância política

O impeachment da presidenta Dilma e os primeiros sessenta dias do governo Temer abriram no Brasil um período de enormes disputas entre projetos políticos muito distintos. A aposta feita por este livro tinha sido a de uma solução para os impasses dentro do próprio sistema político, antes que o impasse se tornasse uma crise escancarada. Essa aposta, porém, não se confirmou.

O novo período de disputa que se abre no Brasil entre esses projetos políticos terá tanto momentos eleitorais quanto momentos não eleitorais. Isto porque, tendo sido desencadeado por um momento congressual, não eleitoral, fica sob vigoroso escrutínio público exatamente por esta razão. Por outro lado, é impossível pensar que esse projeto não terá que se submeter às eleições de 2018, quando mais uma vez o modelo de Estado e de políticas sociais estará em discussão.

Há hoje uma segunda questão sendo discutida no país, que é a capacidade de mobilização política das ruas. A mobilização social faz parte da disputa política no Brasil desde junho de 2013. A partir daí, o campo político se dividiu entre forças mobilizadoras divergentes. Durante o ano de 2015, as manifestações conservadoras a favor da remoção da presidenta foram hegemônicas. Porém, desde a aprovação do pedido de impeachment de Dilma, houve uma tendência à hegemonia das manifestações de esquerda. Mesmo na internet, segundo pesquisas recentes,[152] também houve uma redefinição dessa hegemonia. No entanto, aquilo que foi superestimado, especialmente pelos grandes órgãos de imprensa em 2015, parece ser subestimado agora: a enorme rejeição ao presidente interino nas ruas e nas redes socais. Este seria o momento não eleitoral de disputa entre os diferentes projetos políticos.

Uma questão fundamental se coloca, portanto, para as disputas eleitorais e extraeleitorais: a da retomada de um espaço de discussão e tolerância. Não está muito claro se o Brasil foi capaz de construir a tolerância e o respeito à diversidade nestes trinta anos de democratização, apesar de, em alguns momentos, parecer que a pluralidade das concepções e valores políticos esteve solidamente presente entre nós. Entretanto, também parece evidente que essa construção é insuficiente, seja pela maneira como a disputa política tem se dado, seja pela possibilidade que a intolerância migre para o sistema político e para o Judiciário. Infelizmente temos evidências de que isto já está ocorrendo. A repercutida declaração de voto do deputado Jair Bolsonaro em defesa da tortura acende luzes amarelas em relação à estabilidade da pluralidade valorativa no país. Ainda mais grave é o fato do apoio à sua candidatura a presidente estar mais presente entre pessoas com renda e escolaridade mais altas. Isto significa que parte da elite brasileira tem forte atração por um projeto não democrático. A tarefa mais importante hoje, se de fato caminhamos para uma conjuntura de crise ou de fortes impasses democráticos, é garantir que este momento de forte embate seja travado no clima da maior tolerância possível e que se procure reestabelecer um centro político capaz de conter a radicalização das disputas políticas. Um amplo centro político, tão importante neste período que se encerrou com o impeachment, seria estabilizador da crise. Este centro deve procurar estabelecer acordos mínimos em torno de direitos, garantias individuais e respeito pelas regras do jogo, que são os valores fundamentais por detrás da construção democrática no país. Foram esses valores que permitiram os fortes avanços sociais e institucionais no período entre 1988 e 2013. É este mínimo procedimental que permitirá que a construção democrática brasileira não seja interrompida pela fortíssima disputa política e social que certamente levará um longo tempo para ser resolvida.

Notas

1. Diversas teorias avaliam a democracia com base em critérios importantes. A mais consolidada é a teoria da poliarquia, proposta por Robert Dahl. Trata-se de oito critérios para medir a qualidade da democracia, todos ligados à capacidade competir politicamente ou de ter acesso à informação. Dahl também mensurou em 1971 as diferentes poliarquias. Naquele momento, o Brasil não entrou na lista devido ao regime autoritário que vigorava e apenas dois países da América Latina entraram, Chile e Uruguai. Não existe nenhuma dúvida de que o Brasil hoje é uma poliarquia. Conferir Dahl, 1971.
2. Refiro-me aqui à emenda que criou o Fundo Social de Emergência e que acabou levando à Emenda nº 42/2003, conhecida como DRU, a qual desvinculou as receitas orçamentárias e foi fundamental para o equilíbrio das contas públicas em 1994. A DRU tem sido renovada desde então.
3. IBGE, 2012.
4. *Folha de S.Paulo*, 8 dez. 2014.
5. Paulo Eduardo Arantes, *O novo tempo do mundo*, p. 387. Marcos Nobre. *Imobilismo em movimento*.
6. Fernando Henrique Cardoso, "Diálogo ou novas imposturas", *in*: *O Estado de São Paulo*, p. 2.
7. É importante diferenciar impasse de crise. O Brasil não vive uma crise constitucional, apesar dos atritos entre o Executivo e o Legislativo, que não são maiores do que em uma democracia completamente consolidada como os Estados Unidos.
8. Cláudio Gonçalves Couto, "Novas eleições críticas?", *in*: *Periódico de Opinião Pública e Conjuntura Política*, p. 38.

9. Um excelente projeto dirigido pelo professor João Feres Jr., do Instituto de Estudos Sociais e Políticos (IESP), em relação à mídia foi capaz de constatar tal fato, ou seja, que a maioria absoluta de notícias em relação ao governo é negativa. Cf. <www.manchetometro.com.br>.
10. Stuart Soroka, *Negativity in Democratic Politics, p.5.*
11. Sergio Abranches, "O presidencialismo de coalizão", *in: Dados.*
12. P. R. Kingstone e T. J. Power, "Introduction", *in: Democratic Brazil*; Barry Ames, *The deadlock of democracy in Brazil.*
13. Stuart Mainwaring, "Sistema de partidos incipientes", *in: La construcción de instituciones democráticas*; Barry Ames, *The deadlock of democracy in Brazil.*
14. Edson Nunes. *Gramática política do Brasil*: clientelismo e insulamento burocrático.
15. Já publiquei alguns artigos sobre esse tema mostrando que países com fracas políticas de combate à corrupção e poucas liberdades democráticas se situam muito bem no Índice da Transparência Internacional, que não contém nenhum medidor efetivo do combate à corrupção. Cf. Leonardo Avritzer, 2008.
16. Essas pesquisas foram *A participação em São Paulo, survey* aplicado em uma amostra de 2.200 pessoas na cidade de São Paulo. O índice de confiança nos políticos foi de 2,87 em 10, mais baixo do que todas as instituições e movimentos sociais. Cf. Leonardo Avritzer, *A participação em São Paulo*. Também aplicamos dois *surveys* sem parceria com a Vox Populi em que perguntamos sobre o índice de confiança nos políticos. O resultado foi muito semelhante.
17. Francisco Whitaker *et al., Cidadão constituinte.*
18. Leonardo Avritzer e Brian Wampler, *The Expansion of Participatory Budgeting in Brazil.*
19. Leonardo Avritzer, *A dinâmica da participação local no Brasil.*
20. É verdade que já existiam conferências nacionais em algumas áreas desde o início da década de 1990. Este foi o caso das áreas de saúde, assistência social e criança e adolescente.
21. Soraia Côrtez, "Construindo a possibilidade da participação dos usuários: conselhos e conferências no Sistema Único de Saúde." *Sociologias.*
22. Roberto Rocha Coelho Pires (Org.), *Efetividade das instituições participativas no Brasil.*

NOTAS

23. Alexandre Cambraia Vaz, *Participação local e resultados*.
24. Soraia Côrtez, 2002; Eleonora Cunha, "Conselhos de políticas", *in*: *Ética pública e controle da corrupção*; Alexandre Cambraia Vaz, *Participação local e resultados*.
25. Leonardo Avritzer e Clóvis Souza (Org.), Conferências nacionais: ampliando e redefinindo os padrões de participação social no Brasil.
26. Leonardo Avritzer, *A participação em São Paulo*.
27. Heloisa Maria M. Starling, "A corrupção na ditadura militar", *in*: *Corrupção*: ensaios e críticas.
28. Vale a pena lembrar, no caso de Fernando Henrique Cardoso, dois episódios. Em primeiro lugar, o mais significativo, especialmente porque nunca foi investigado a fundo, foi a declaração de dois deputados federais do Acre, Ronivon Santiago e João Maia, ambos do PFL do Acre, ao repórter Fernando Rodrigues, da *Folha de S.Paulo,* de que haviam recebido R$ 200.000 cada um para votar a favor da emenda da reeleição. Os dois declararam também que o assunto de pagamentos para a reeleição era tratado diretamente com o então ministro das Comunicações, Sergio Motta. O segundo caso importante foi o vazamento de uma planilha de caixa dois utilizada pelo tesoureiro da campanha pela reeleição de Fernando Henrique, o ex-ministro Bresser Pereira.
29. Leonardo Avritzer e Fernando Filgueiras. *Corrupção e sistema político no Brasil*.
30. Rogério Arantes, "Polícia federal e construção institucional".
31. Ibope, 2013.
32. No momento em que escrevo este livro, há um forte debate sobre a diminuição da desigualdade no Brasil, motivado por um artigo escrito por Medeiros, que usa dados do Imposto de Renda para calcular a desigualdade, trabalho com a renda dos 1% mais ricos. Esses dados alteram ligeiramente o argumento a partir de 2010 já que mostram a partir de dado sobre os 0,1% mais ricos do Brasil que a desigualdade no país é ainda maior do que os estudos com base na PNAD mostram. Medeiros *et al*, 2015.
33. Secretaria de Assuntos Estratégicos, *Perguntas e respostas sobre a definição da classe média*.
34. Há uma série de discussões sobre a definição de classe média que prefiro não tratar em profundidade aqui. Todos esses pontos estão

desenvolvidos no Capítulo 5. A definição utilizada pela SAE utiliza dois critérios propostos pelo Banco Mundial.

35. Ibope, 2013.

36. Curiosamente, os dois autores têm orientações políticas completamente diferentes a partir de uma formação semelhante, envolvendo um marxismo filosófico politicamente mal traduzido que leva à análise sem mediações da política. Para Arantes, a política é sempre o conflito violento e o problema é a sua pseudopacificação, como se depreende de um trecho do seu livro sobre as UPPs (Arantes, 2013, p. 390). Para Nobre, o problema é a aliança política que desestrutura o elemento cidadão ou conflituoso da política. Em ambos os casos, existe uma filosofia marxista *ad hoc* que informa a análise política.

37. Paulo Eduardo Arantes, *O novo tempo do mundo*, p. 386-387.

38. Essa colocação, feita com base em uma citação de Agamben, tem o mesmo problema de outras baseadas em Schmitt. Estas supõem a democracia e a soberania como formas de coerção e valorizam todas as reações a elas.

39. Arantes neste caso seria um anti-Elias, ou seja, um autor que advoga que toda pacificação do espaço político é uma pseudopacificação. Cf. Norbert Elias, 1995.

40. Peter Kingstone e Timothy Power, *Democratic Brazil Revisited*; Evelina Dagnino, *Sociedade civil e espaços públicos no Brasil*; Evelina Dagnino *et al.*, *A disputa pela construção democrática na América Latina*.

41. Está além dos objetivos deste livro criticar as bases dessa colocação, que se assentam em uma leitura mal digerida da tradição frankfurtiana e da obra de Michel Foucault. Ambas as tradições têm como objetivo nos ajudar a ver o aspecto dominador das instituições políticas, como é o caso de obras como *Dialética do esclarecimento* e *Ideologia da sociedade industrial*. Nenhuma das obras nega, tal como Arantes pretende fazer, a dimensão democrática da soberania política. Ainda assim, em ambas, seguindo uma interpretação equivocada da obra weberiana, enxerga-se a administração como dominação. Assim, Arantes hipostasia uma análise parcial da sociedade democrática e transforma-a em uma tentativa de tornar inócua a democracia.

42. A teoria da cidadania de Marshall é certamente uma crítica à ideia de cidadania em Marx, na medida em que mostra que a ação social dos indivíduos se centra na busca por direitos.

NOTAS

43. Vale a pena chamar a atenção para o fato de que a ideia de insurgência é utilizada por Holston com outro significado, o da luta contra formas legais e ilegítimas de institucionalização de privilégios. Holston, 2008.
44. Paulo Eduardo Arantes, *O novo tempo do mundo*, p. 405.
45. Mais uma vez aqui estão os limites de uma aceitação *ad hoc* de concepções marxistas que não levam o autor muito longe.
46. Paulo Eduardo Arantes, *O novo tempo do mundo*, p. 424.
47. Marcos Nobre, *Imobilismo em movimento*: da abertura democrática ao governo Dilma, p. 22.
48. Ibid, p. 42, 43.
49. Ibid, p. 143.
50. O melhor dos exemplos de dessubjetivização é a análise da política distributiva durante o governo Lula. Para Nobre, houve uma negociação com o PMDB para a implementação de políticas distributivas como o Bolsa Família. O problema é que essas negociações não são conhecidas e são assumidas de forma *ad hoc* pelo autor.
51. Sergio Abranches, "O presidencialismo de coalizão", *in*: *Dados*; Argelina Figueiredo e Fernando Limongi, "Presidencialismo e apoio partidário no Congresso", *in*: *Monitor Público*; Argelina Figueiredo e Fernando Limongi, 2006; Fabiano Santos; Márcio Grijó Vilarouca, "Political institutions and governability from FHC to Lula", *in*: *Democratic Brazil revisited*.
52. Marcos Nobre, *Imobilismo em movimento*: da abertura democrática ao governo Dilma, p. 14.
53. Maria Helena M. Alves, *State and opposition in military Brazil*.
54. Idem; Maria Dalva Kinzo, *Brazil:challenge of the 90's*.
55. Marcos Nobre, *Imobilismo em movimento*: da abertura democrática ao governo Dilma, p. 50.
56. Ibid, p. 55.
57. Fernando Limongi,. "Presidencialismo, coalizão partidária e processo decisório", *in*: *Novos Estudos — CEBRAP*.
58. Ibid.
59. Ibid.
60. Marcos Nobre, *Imobilismo em movimento*: da abertura democrática ao governo Dilma, p. 47.
61. Maria Helena M. Alves, *State and opposition in military Brazil*.

IMPASSES DA DEMOCRACIA NO BRASIL

62. Marcos Nobre, *Imobilismo em movimento*: da abertura democrática ao governo Dilma, p. 67.
63. A capitalização do Banco do Brasil é um dos melhores exemplos nesta direção.
64. Há uma literatura basicamente de imprensa sobre esse tema que surgiu junto com o escândalo do mensalão.
65. O Ministério das Cidades passou a fazer parte da base de sustentação do governo no Congresso algumas semanas depois da eclosão do escândalo do mensalão. Até junho de 2005, esse era um ministério distribuído ao PT e no qual estavam abrigadas algumas das lideranças principais do movimento da reforma urbana, tais como Raquel Rolnik.
66. Marcos Nobre, *Imobilismo em movimento*: da abertura democrática ao governo Dilma, p. 102.
67. Segundo diversas fontes jornalísticas, Lula e José Dirceu discordaram sobre essa questão no início do governo, com Lula optando por não estabelecer aliança formal com o partido. Ainda assim, eu sustentaria que a lógica do presidencialismo de coalizão estava completamente mantida com o estabelecimento de alianças com o PL, PR e PTB, que fizeram parte da coalizão do governo no Congresso desde o primeiro momento.
68. Essa análise não podia ser corroborada até a operação do Ministério Público e da Petrobras chamada de "Lava Jato". Nessa ocasião ficou claro em depoimento à Justiça que contratos superfaturados na área de infraestrutura implicavam a transferência de recursos para partidos e/ou membros do sistema político.
69. Segundo o jornal O *Globo* de 15 de março de 2013, Eduardo Cunha realizou o contrário do que o peemedebismo sugere, na votação da MP dos portos. Ele aglutinou o PMDB com a oposição à MP. Cf. <http://ultimosegundo.ig.com.br/politica/2013-05-15>.
70. As bancadas do PT, desde 2002, foram as seguintes: 91 deputados em 2002, 83 em 2006, 88 em 2010 e 70 em 2014. Ainda que tenha feito a maior bancada em 2014, o PT saiu derrotado das eleições proporcionais por pelo menos dois critérios: pela proximidade do seu resultado com o do PMDB e pela derrota em São Paulo.
71. Há uma mudança no perfil do Congresso Nacional que pode ser descrita nos seguintes termos: a representação de movimentos sociais que chegou ao seu auge no final dos anos 1990 está perdendo completa-

NOTAS

mente o fôlego. As bancadas formadas ou por vultosos financiamentos privados ou por posições fisiológicas no centro do espectro político são as que mais crescem, com estas predominando.

72. Francisco Whitaker *et al.*, *Cidadão constituinte*.

73. Leonardo Avritzer e Brian Wampler, *The Expansion of Participatory Budgeting in Brazil*.

74. Leonardo Avritzer, *A dinâmica da participação local no Brasil*.

75. Clóvis Henrique Leite de Souza e Roberto Rocha Coelho Pires, "Conferências nacionais como interfaces socioestatais", *in*: *Conferências nacionais*: atores, dinâmicas participativas e efetividade.

76. Leonardo Avritzer, *Participatory Institutions in Democratic Brazil*.

77. Valéria Salgado *et al.*, *Relatório Participação social na administração pública federal*.

78. Vera Schattan Coelho Pereira, "Participação e distribuição de serviços públicos de saúde no município de São Paulo. Relatório de pesquisa." Cebrap.

79. Luciana Tatagiba, "A institucionalização da participação", *in*: *A participação em São Paulo*.

80. Soraia Côrtez, "Construindo a possibilidade da participação dos usuários", *in*: Vera Coelho e Márcio Nobre, *Participação e deliberação*.

81. Eleonora Cunha, *Efetividade deliberativa*.

82. Leonardo Avritzer, *A dinâmica da participação local no Brasil*.

83. Leonardo Avritzer, "Democracy beyond aggregation", *in*: *Journal of Public Deliberation*.

84. Sérgio Gregório Baierle, "A explosão da experiência", *in*: *Cultura e política nos movimentos sociais latino-americanos*.

85. Fizemos uma segunda pergunta na pesquisa sobre a intensidade da participação, visando aferir em qual área as pessoas participaram mais ativamente. Neste caso, vemos ainda certa continuidade com a participação social no início da democratização. Assim, a área da saúde volta ao topo com 14,7% do total da participação, com a assistência social baixando significativamente, mas ocupando, ao lado da educação, o segundo lugar. Áreas como a da política para as mulheres e direitos humanos caem significativamente.

86. Roberto Rocha Coelho Pires e A. C. N. Vaz, "Participação faz diferença?", *in*: *A dinâmica da participação local no Brasil*.

87. Ibid.
88. Kathryn Hochstetler e Margaret. Keck, *Greening Brazil.*
89. Ibid.
90. Em dezembro de 2014, esse conflito torna-se ainda mais agudo, com a indicação da senadora Kátia Abreu, uma conhecida representante do agronegócio, para o Ministério da Agricultura.
91. Raquel Z. Yrigoyen Fajardo, *El pluralismo jurídico en la historia constitucional latinoamericana.*
92. Cf. <http://www.ecodebate.com.br/2009/10/08/belo-monte-a-farsa-das-audiencias-publicas-artigo-de-rodolfo-salm>.
93. Nancy Fraser, "Social justice in the age of identity politics", *in: Redistribution or recognition?*; Boaventura de Sousa Santos, *Renovar a teoria crítica e reinventar a emancipação social.*
94. As principais manifestações no momento em que este livro está sendo escrito são concentradas no estado de São Paulo e em algumas capitais da região Sul, como Curitiba e Porto Alegre.
95. Paulo Eduardo Arantes, *O novo tempo do mundo*, p. 426.
96. Manuel Castells, *Redes de indignação e esperança.*
97. Ibid.
98. Marilena Chaui, "As manifestações de junho de 2013 em São Paulo", *in: Teoria e Debate.*
99. Ibope, 2013.
100. Tiago Pimentel, Sérgio Amadeu Silveira e Sérgio Amadeu, *Cartografia de espaços híbridos.*
101. Segundo análise do site <interagentes.net> reproduzida no Quadro 2.
102. Alberto Melucci.
103. Wikipédia, "Os protestos do Brasil em 2013."
104. UOL, 21 jun. 2014.
105. Cf. <www.causabrasil.com.br>.
106. Maria Helena M. Alves, *State and opposition in military Brazil*; Maria Dalva Kinzo, *Brazil: challenge of the 90's.*
107. Alberto Carlos Almeida, *Como pensam os brasileiros.*
108. Evaldo Cabral de Mello, "Pernambuco no período colonial", *in: Corrupção.*
109. Ronald Ingelhart, *Postmodernization.*

NOTAS

110. Dois *surveys* sobre corrupção foram realizados pelo Centro de Referência do Interesse Público. Em ambos contamos com a parceria do instituto Vox Populi. A amostra de entrevistados foi de 2.403 pessoas, representativa para o conjunto da população brasileira. Apesar de o *survey* ter sido realizado em 2008 e 2009, alguns dos seus dados nos parecem bastante atuais.

111. Scott Mainwaring e Scully, Timothy. *Building democratic institutions*, p. 18. Lima Junior, 1997.

112. Mainwaring *e Scullyl*, 1995.

113. Maria do Carmo Campello Souza. *Estado e partidos políticos no Brasil, 1930-1964*.

114. Maria Helena M. Alves, *State and opposition in military Brazil*.

115. Olavo Brasil de Lima Junior, *Instituições políticas democráticas*.

116. Marcos Nobre, *Imobilismo em movimento*.

117. Barry Ames, *Os entraves da democracia no Brasil*, p. 18.

118. Por taxa de sucesso entende-se o número de projetos de lei do Executivo que são aprovadas pelo Legislativo. A taxa de aprovação nos governos FHC, Lula e Dilma I é bastante alta. Esse número declinou vertiginosamente em 2015, no começo do governo Dilma II. Alguns autores negam que a taxa de sucesso deva se constituir no elemento exclusivo de avaliação do sistema político. Mostram também a presença de fortes elementos de desorganização e irracionalidade na falta de disciplina partidária no Congresso. Cf. Melo, 2007.

119. Também incluímos as CPIs apesar do seu papel declinante no combate à corrupção desde 2005. Elas representam o momento investigativo do Congresso Nacional e o Poder Judiciário apresenta o elemento punitivo ou não das diferentes ações do governo contra a corrupção.

120. Leonardo Avritzer e Fernando Filgueiras, *Corrupção e sistema político no Brasil*.

121. Alexander Cambraia Vaz, *Participação local e resultados*.

122. Karl Marx; Friedrich Engels, *Manifesto do partido comunista*.

123. Max Weber, *Ensaios de sociologia*, p. 181.

124. Eric Hobsbawm, *The age of extremes*, p. 295.

125. Sérgio Buarque de Holanda, *Raízes do Brasil*.

126. Francisco Oliveira, *O ornitorrinco*.

127. Wanderlei Guilherme dos Santos, *Crise e castigo*, p. 139.

IMPASSES DA DEMOCRACIA NO BRASIL

128. Carlos Hasenbalg; Nélson do Valle Silva, "Industrialização e estrutura de emprego no Brasil", *in*: *Estrutura social, mobilidade e raça*.
129. Até a eleição de 2002, Lula, como candidato à Presidência, enfrentava problemas para conquistar maiorias. O Nordeste era a região onde ele mais experimentava dificuldades. Em 1998, FHC teve 2,5 milhões de votos a mais do que Lula na região Nordeste do Brasil.
130. Henrique C. O. Castro, "Percepções sobre o Programa Bolsa Família na sociedade brasileira", *in*: *Opinião Pública*.
131. Datafolha, "Classe média e intenção de voto."
132. Mauro Paulino e Janoni, "Economia e educação impulsionam Dilma", *in*: *Folha de S.Paulo*.
133. Ibid.
134. Datafolha, jun. 2014.
135. Não tenho nenhuma pretensão de definir o conceito de direita, mas trabalharei com algumas referências conceituais, entre elas, a ambivalência em relação à democracia, a defesa irrestrita da economia de mercado desregulada e a expressão de preconceitos em relação a grupos minoritários e às mulheres. Todos esses elementos expressam debates históricos, como o que antecedeu a ruptura política em 1964; o debate dos anos 1930 sobre a regulação econômica e a tradição de ampliação de direitos das minorias nos Estados Unidos e na Europa a partir dos anos 1950. A direita seria, então, a tentativa de romper com a democracia e de ignorar uma tradição de regulação econômica e de direitos civis.
136. Victor Nunes Leal, *Coronelismo, enxada e voto*; Jacques Lambert, "Les obstacles au dévelloppement provenant de la formation d'une société dualiste", *in*: *Anais*.
137. Cf. Motta *et al*, 2014. Vale a pena observar que a principal produtora de ideias culturais no Brasil, a Rede Globo, opera nessa chave desde os anos 1970, com novelas como *Bem amado*, *Roque Santeiro*, entre outras.
138. Sundfeld, *et al*, 2010:18 Controle de constitucionalidade e Judicialização: o STF frente aos outros poderes. Observatório da Justiça. UFMG.
139. Leonardo Avritzer, *Participatory Institutions in Democratic Brazil*.
140. Janete Cardoso Réos, *Participação de usuários e responsáveis dos gestores de políticas sociais do município de Porto Alegre*; Coelho Pereira, 2006.

NOTAS

141. A classe média das regiões Sul e Sudeste foi o único setor que expressou dúvidas em relação à confiança na democracia na pesquisa sobre o assunto feita pelo Datafolha e publicada em 8 de dezembro de 2014.

142. Cf. Marcos Nobre, *Imobilismo em movimento*.

143. Eduardo Cunha tem contra si em torno de vinte processos no STF. Entre os mais graves, figuram três inquéritos, o 2123, 2984, e o 3056. Também tem diversas ações penais no Tribunal Federal da Primeira Região e no Tribunal de Justiça do Rio de Janeiro, este último por improbidade administrativa.

144. Cf. Alberto Melucci. Challenging Codes, 1996.

145. Leonardo Avritzer e Fernando Filgueiras, *Corrupção e sistema político no Brasil*.

146. Cf. Sérgio Buarque de Holanda, *Raízes do Brasil*.

147. A lei brasileira não é completamente clara sobre o papel das duas casas no processo de impeachment. Este acabou sendo decidido pelo Supremo Tribunal Federal no dia 17 e dezembro de 2015. O Supremo firmou nesta ocasião a jurisprudência de que a Câmara vota a admissibilidade do impeachment, que o Senado confirma ou não. Apenas após a confirmação o presidente é afastado – o que ocorreu no dia 11 de maio de 2016.

148. De acordo com a legislação brasileira, a condução coercitiva está fundada nos artigos 218 e 260 do Código Penal e se aplica a testemunhas ou réus. No caso da operação Lava Jato, foram realizadas mais de 120 conduções coercitivas e quase todas não cumpriram o requisito da legislação, que é ter sido intimado e não ter comparecido. Cf. Lenio Streck, "Condução coercitiva do ex-presidente Lula foi ilegal e inconstitucional". Conjur, 2016. Disponível em: <http://www.conjur.com.br/2016-mar-04/streck-conducao-coercitiva-lula-foi-ilegal-inconstitucional>.

149. Vale a pena lembrar aqui que o Brasil possui uma legislação completamente ultrapassada em relação a questões de abuso de poder. Elas são reguladas pela lei 4.898 de 1965, que prevê apenas multa em casos de atentados ao poder de locomoção, de privacidade de correspondência ou de liberdade de associação. Vide Carvalho Filho, 2016.

150. O aumento do Judiciário, decidido pela Câmara dos Deputados em 28 de abril de 2016, foi reivindicado pelo presidente Ricardo

IMPASSES DA DEMOCRACIA NO BRASIL

Lewandowski, do STF, ainda no primeiro semestre de 2015 e negado pela presidenta Dilma. Ele foi concedido através do projeto de lei 2648/2015. O projeto de aumento dos vencimentos dos servidores do Judiciário estava parado na Câmara, mas foi concedida urgência na sua apreciação 11 dias depois da aprovação do afastamento da presidente pela Câmara.

151. Folha de S.Paulo, 17/05/2016.
152. Von Bulow, 2011.

Referências bibliográficas

ABRANCHES, Sergio. "O presidencialismo de coalizão." *Dados. Revista de Ciências Sociais*, v. 31, n. 1, p. 5-33, 1988.

ALMEIDA, Alberto Carlos. *Como pensam os brasileiros*. Rio de Janeiro: Record, 2007.

ALVES, Maria Helena Moreira. *State and opposition in military Brazil*. Austin: University of Texas Press, 1985.

AMES, Barry. *Os entraves da democracia no Brasil*. Rio de Janeiro: Fundação Getulio Vargas, 2001.

AMES, Barry. *The deadlock of democracy in Brazil*: interests, identities, and comparative politics. Ann Arbor: Michigan University Press, 2002.

ARANTES, Paulo Eduardo. *O novo tempo do mundo*: e outros estudos sobre a era da emergência. São Paulo: Boitempo, 2014.

ARANTES, Rogério. "Polícia federal e construção institucional." *In*: AVRITZER, Leonardo e FILGUEIRAS, Fernando. *Corrupção e sistema político no Brasil*. Rio de Janeiro: Civilização Brasileira, 2012.

ARANTES, Rogério. "The Federal Police and the Ministério Público." *In*: POWER, T. J.; TAYLOR, M. M. (Org.). *Corruption and Democracy in Brazil*: The Struggle for Accountability. South Bend: University of Notre Dame, 2011.

ASCON MCCE. "MCCE pede à Câmara que examine a proposta dos movimentos sociais pela reforma política." Disponível em: <http://www.mcce.org.br/site/vnoticias.php?acao=vinoticias&id_noticias=1028>. Acesso em: 10 jun. 2015.

AVRITZER, Leonardo. *Democracy and the Public Space in Latin America*. Princeton: Princeton University Press, 2002.

AVRITZER, Leonardo (Org.). *A participação em São Paulo*. São Paulo: UNESP, 2004.

AVRITZER, Leonardo. *A participação social no Nordeste*. Belo Horizonte: Editora UFMG, 2007.

AVRITZER, Leonardo. "Índices de percepção da corrupção." *In*: Avritzer *et al. Corrupção: ensaios e críticas*. Belo Horizonte: Editora UFMG, 2008.

AVRITZER, Leonardo. *Participatory Institutions in Democratic Brazil*. Baltimore: Johns Hopkins University Press, 2009.

AVRITZER, Leonardo. *A dinâmica da participação local no Brasil*. São Paulo: Cortez, 2010.

AVRITZER, Leonardo. "Um balanço da participação democrática no Brasil (1990-2014)." *In*: *International Colloquium Epistemologies of the South (ALICE)*. De 10 a 12 de julho de 2014.

AVRITZER, Leonardo; SOUZA, Clóvis (Org.). *Conferências nacionais*: atores, dinâmicas participativas e efetividade. Brasília: Ipea, 2013.

AVRITZER, Leonardo e FILGUEIRAS, Fernando. *Corrupção e sistema político no Brasil*. Rio de Janeiro: Civilização Brasileira, 2012.

AVRITZER, Leonardo; WAMPLER, Brian. *The Expansion of Participatory Budgeting in Brazil*: An Analysis of the Successful Cases Based upon Design and Socio-Economic Indicators. Washington, DC: World Bank, 2008.

BAIERLE, Sérgio Gregório. "A explosão da experiência: emergência de um novo princípio ético-político nos movimentos populares urbanos em Porto Alegre." *In*: ALVAREZ, Sonia E.; DAGNINO, Evelina *et al.* (Org.). *Cultura e política nos movimentos sociais latino-americanos*: novas leituras. Belo Horizonte: Editora UFMG, 2000.

BAIOCCHI, Gianpaolo. *Militants and citizens*: the politics of participation in Porto Alegre. Stanford: Stanford University Press, 2005.

CARDOSO, Fernando Henrique. "Diálogo ou novas imposturas." *O Estado de São Paulo*. Opinião, 2 nov. 2014. Disponível em: <http://opiniao.estadao.com.br/noticias/geral,dialogo-ou-novas-imposturas-imp-,1586809>. Acesso em: 10 jun. 2015.

CASTELLS, Manuel. *Redes de indignação e esperança*: esperança — movimentos sociais na era da Internet. Rio de Janeiro: Zahar, 2013.

CASTRO, Henrique Carlos de Oliveira de *et al.* "Percepções sobre o Programa Bolsa Família na sociedade brasileira." *Opinião Pública*, v. 15, n. 2, p. 333-355, 2009.

CAUSA BRASIL. "Veja pelo que o Brasil Protesta." Disponível em: <http://www.causabrasil.com.br>. Acesso em: 10 jun. 2015.

REFERÊNCIAS BIBLIOGRÁFICAS

CHAUI, Marilena. "As manifestações de junho de 2013 em São Paulo." *Teoria e Debate*. n. 113, 27 jun. 2013. Disponível em: <http://www.teoriaedebate.org.br/materias/nacional/manifestacoes-de-junho-de-2013-na-cidade-de-sao-paulo?page=full>. Acesso em: 10 jun. 2015.

CNI — IBOPE. Pesquisa avaliação do governo – (junho 2014). Brasília: CNI, 2014. Disponível em: <http://www.ibope.com.br/ptbr/noticias/Documents/CNI_IBOPE_JUN2014_WEB.pdf>. Acesso em: 10 jun. 2015.

COELHO, Vera Schattan. P.; NOBRE, M. "Conselhos de saúde enquanto instituições políticas: o que está faltando." COELHO, Vera Schattan. P.; NOBRE, M. *Participação e deliberação: Teoria Democrática e Experiências Institucionais no Brasil Contemporâneo*. São Paulo: Editora 34, 2004. p. 255-269.

CÔRTES, Soraia. "Construindo a possibilidade da participação dos usuários: conselhos e conferências no Sistema Único de Saúde." *Sociologias*, Porto Alegre: v. 7, p. 18-49, 2002.

COUTO, Cláudio Gonçalves. "Novas eleições críticas?" *Periódico de Opinião Pública e Conjuntura Política*, ano 6, n. 6, out. 2014.

CUNHA, Eleonora Schettini Martins. *Efetividade deliberativa*: estudo comparado de conselhos municipais de assistência social (1997/2006). Tese (Doutorado em Ciência Política) — Departamento de Ciências Sociais, Faculdade de Filosofia e Ciências Humanas, Universidade Federal de Minas Gerais, Belo Horizonte, 2009.

CUNHA, Eleonora Schettini Martins. "Conselhos de políticas: possibilidades e limites no controle público da corrupção." *In*: FUNDAÇÃO KONRAD ADENAUER (Org.). *Ética pública e controle da corrupção*. Rio de Janeiro: Fundação Konrad Adenauer, 2011. v. XII, p. 111-125.

DAGNINO, Evelina (Org.). *Sociedade civil e espaços públicos no Brasil*. São Paulo: Paz e Terra/Unicamp, 2002.

DAGNINO, Evelina; OLVERA, Alberto J.; PANFICHI, Aldo (Org.). *A disputa pela construção democrática na América Latina*. São Paulo: Paz e Terra, 2006.

DAHL, Robert. *Polyarchy: participation and opposition*. Yale University Press, 1971.

DATAFOLHA, Instituto de Pesquisa. "Classe média e intenção de voto." Disponível em: <http://media.folha.uol.com.br/datafolha/2014/09/23/intencao_de_voto_presidente_classe_media_brasileira.pdf>.

ELIAS, Norbert. *O processo civilizador*. Rio de Janeiro: Zahar, 1995.

FAJARDO, Raquel Z. Yrigoyen. "El pluralismo jurídico en la historia constitucional latinoamericana: de la sujeción a la descolonización." 2010. Disponível em: <http://www.scribd.com/doc/194283842/3-Ryf-2010-Constitucionalismo-y-Pluralismo-Br>. Acesso em: 10 jun. 2015.

FIGUEIREDO, Argelina. *Política orçamentária no presidencialismo de coalizão.* Rio de Janeiro: Fundação Getulio Vargas, 2008.

FIGUEIREDO, Argelina; LIMONGI, Fernando. "Presidencialismo e apoio partidário no Congresso." *Monitor Público*, v.3, n. 8, 1996.

FILGUEIRAS, Fernando; AVRITZER, Leonardo. "Corrupção e controles democráticos no Brasil." *In*: CARDOSO Jr., José Celso; BERCOVICI, Gilberto (Org.). *República, democracia e desenvolvimento*: contribuições ao Estado brasileiro contemporâneo. Brasília: Ipea, 2013.

FOLHA DE S.PAULO. "Para 66%, democracia é a melhor forma de governo". 8 dez. 2014

FOLHA DE S.PAULO; INSTITUTO DE PESQUISA DATAFOLHA. Avaliação da presidente Dilma Rousseff PO813781 02 e 03/12/2014. Disponível em: <http://datafolha.folha.uol.com.br/opiniaopublica/2014/12/1559419-responsabilzada-por-petrobras-pela-maioria-dilma-tem-avaliacao-estavel.shtml>. Acesso em: 10 jul. 2015.

FRASER, Nancy. "Social justice in the age of identity politics: redistribution, recognition, and participation." *In*: FRASER, Nancy; HONNETH, Axel. *Redistribution or recognition? A political-philosophical exchange.* London: Verso, 2003.

GRET, Marian.; SINTOMER, Yves. (Org.). *The Porto Alegre experiment*: Learning lessons for better democracy. Zed Books, 2005.

HASENBALG, Carlos; SILVA, Nélson do Valle. "Industrialização e estrutura de emprego no Brasil: 1960-1980." *In*: HASENBALG, Carlos; SILVA, Nélson do Valle. *Estrutura social, mobilidade e raça.* Rio de Janeiro: IUPERJ/Vértice, 1983. *1988.*

HOBSBAWM, Eric. *The age of extremes*: a history of the world, 1914-1991. New York: Vintage Books, 1996.

HOCHSTETLER, Kathryn.; Keck, Margaret. *Greening Brazil*: environmental activism in state and society. Duke University Press, 2007.

HOLANDA, Sérgio Buarque de. *Raízes do Brasil.* São Paulo: Brasiliense, 1979.

HOLSTON, James. *Insurgent citizenship.* Princeton: Princeton University Press, 2009.

INGELHART, Ronald. *Postmodernization.* Princeton: Princeton University Press, 1996.

REFERÊNCIAS BIBLIOGRÁFICAS

IBGE. Pnad. Pesquisa por amostra de domicílios. Rio de Janeiro, 2012.

IBOPE. Disponível em: <http://www.ibope.com.br/pt-br/noticias/Paginas/72-dos-internautas-estao-de-acordo-com-as-manifestacoes-publicas.aspx. 2013>.

JORNAL DO BRASIL. "Datafolha traça perfil do eleitorado brasileiro." Disponível em: <http://www.jb.com.br/eleicoes-2014/noticias/2014/09/22/datafolha-traca-perfil-do-eleitorado-brasileiro>. Acesso em: 23 set 2015

KINGSTONE, Peter; POWER, Timothy J. (Org.). "Introduction: Still Standing or Standing Still? The Brazilian Democratic Regime." *In*: KINGSTONE, Peter; POWER, Timothy (Org.). *Democratic Brazil*: Actors, institutions, and processes. Pittsburgh: University of Pittsburgh Press, 2000.

KINGSTONE, P. R.; POWER, T. J. *Democratic Brazil Revisited*. Pittsburgh: University of Pittsburgh Press, 2008.

KINZO, Maria Dalva. *Brazil: challenge of the 90's*. Londres: IB Rauris, 1993.

LAMBERT, Jacques. "Les obstacles au développement provenant de la formation d'une société dualiste." *In*: Seminário Internacional Resistências às Mudanças – fatores que impedem ou dificultam o desenvolvimento. *Anais*. Rio de Janeiro: Centro Latino-Americano de Pesquisas em Ciências Sociais, 1960. n. 10, p. 27-50.

LEAL, Victor Nunes. *Coronelismo, enxada e voto*. Rio de Janeiro: José Olympio, 1946.

LIMA JÚNIOR, O. B. de. *Instituições políticas democráticas*: o segredo da legitimidade. Rio de Janeiro: Jorge Zahar, 1997.

LIMONGI, Fernando. "Presidencialismo, coalizão partidária e processo decisório." *Novos Estudos – CEBRAP*, n. 76, 2006.

LIMONGI, Fernando. "O Poder Executivo na constituição de 1988." *In*: OLIVEN, Ruben George; RIDENTI, Marcelo; BRANDÃO, Gildo Marçal. (Org.). *A Constituição de 1988 na vida brasileira*. 1ª ed. São Paulo: Editora Hucitec, v. 1, p. 23-56, 2008.

MAINWARING, Scott e SCULLY, Timothy. *Building democratic institutions*. Stanford University Press: 1995.

MARX, Karl; ENGELS, Friedrich. *Manifesto do partido comunista*. 5ª ed. Rio de Janeiro: Editora Alfa Ômega, 1980.

MEDEIROS, Marcelo *et al*. *O topo da distribuição de renda no Brasil. In: Revista Dados, vol. 58, n. 1. 2015*.

MELO, Carlos Ranulfo Felix de. *Retirando as cadeiras do lugar*. Belo Horizonte: Editora UFMG, 2007.

MELLO, Evaldo Cabral de. Pernambuco no período colonial. *In*: AVRIT-ZER, Leonardo *et al.* (Org.). *Corrupção*: ensaios e críticas. Beio Horizonte: Editora UFMG, 2008.

MELUCCI, Alberto. 1996. Challenging codes. Cambridge. Cambridge University Press.

MOREIRA, Carlos Ismael. "Institutos de pesquisas traçam perfil dos manifestantes em Porto Alegre." Disponível em: <http://gaucha.clicrbs.com.br/rs/noticia-aberta/institutos-de-pesquisa-tracam-perfil-dos-manifestantes-na-capital-133078.html>. Acesso em: 10 jun. 2015.

MOTTA, Rodrigo Patto Sá. "A cultura política comunista: alguns apontamentos." *In*: NAPOLITANO, Marcos; CZAJKA, Rodrigo; MOTTA, Rodrigo Patto Sá. (Org.). *Comunistas brasileiros*: cultura política e produção cultural. Belo Horizonte: Editora UFMG, 2013.

NOBRE, Marcos. *Imobilismo em movimento*: da abertura democrática ao governo Dilma. São Paulo: Companhia das Letras, 2013.

NUNES, Edson. *Gramática política do Brasil*: clientelismo e insulamento burocrático. Rio de Janeiro: Zahar, 2004.

OLIVEIRA, Francisco. *O ornitorrinco*. São Paulo: Boitempo, 2005.

PAULINO, Mauro; JANONI, Alessandro. "Economia e educação impulsionam Dilma." *Folha de S.Paulo*. 2014. Disponível em: <http://www.folha.uol.com.br/poder/2014/10/1535591-analise-economia-e-educacao-impulsionam-dilma.shtml>. Acesso em: 10 jun. 2015.

PEREIRA, Maria de Lurdes. "As políticas públicas e os processos de 'hibridação' no Brasil e na América Latina." *In*: Congresso Latino-Americano de Ciência Política. Campinas, 3 a 6 de setembro, 2006. *Anais* do Congresso da Alacip. Campinas: 2006.

PIMENTEL, Tiago; SILVEIRA, Sérgio Amadeu. *Cartografia de espaços híbridos*: as manifestações de junho de 2013. São Paulo: #InterAgentes, 11 jul. 2013. Disponível em: <http://interagentes.net/?p=62>. Acesso em: 22 abr. 2015.

PIRES, Roberto Rocha Coelho (Org.). *Efetividade das instituições participativas no Brasil*: estratégias de avaliação. Brasília: Ipea, 2011.

PIRES, Roberto Rocha Coelho; VAZ, Alexandre Cambraia. "Participação faz diferença? Uma avaliação das características e efeitos da institucionalização da participação nos municípios brasileiros." *In*: AVRITZER, Leonardo (Org.). *A dinâmica da participação local no Brasil*. São Paulo: Cortez, 2010. p. 253-304.

PIRES, Roberto Rocha Coelho; VAZ, Alexandre Cambria C. N. *Participação social como método de governo?* Um mapeamento das "interfaces

REFERÊNCIAS BIBLIOGRÁFICAS

socioestatais" nos programas federais (n. 1707). Texto para discussão. Brasília: IPEA, 2012.

PORTAL BRASIL. "Censo do IBGE comprova que Brasil reduziu desigualdade social, afirma ministra." 2012. Disponível em: <http://www.brasil. gov.br/governo/2012/04/censo-do-ibge-comprova-que-brasil-reduziu-desigualdade-social-afirma-ministra>. Acesso em: 10 jun. 2015.

PORTAL G1. "Veja pesquisa completa do Ibope sobre os manifestantes. Fantástico mostrou quem são e o que querem os que saíram às ruas. Transporte e política são razões principais apontadas por eles." Disponível em: <http://g1.globo.com/brasil/noticia/2013/06/veja-integra-da-pesquisa--do-ibope-sobre-os-manifestantes.html>. Acesso em: 23 set. 2015.

RÉOS, Janete Cardoso. *Participação de usuários e responsáveis dos gestores de políticas sociais do município de Porto Alegre.* Dissertação (Mestrado em Sociologia), Universidade Federal do Rio Grande do Sul, Conselho Nacional de Desenvolvimento Científico e Tecnológico, 2003.

SECRETARIA DE ASSUNTOS ESTRATÉGICOS (SAE). 2012. "Perguntas e respostas sobre a definição da classe média." Disponível em: <http://www.sae.gov.br/imprensa/sae-na-midia/governo-define-que-a-classe-media-tem-renda-entre-r-291-e-r-1-019-cidade-verde-em-24-07-2013/>.

SALGADO, Valéria A. B. *et al. Relatório Participação social na administração pública federal:* desafios e perspectivas para a criação de uma política nacional de participação. Brasília: Ipea, 2012.

SALM, Rodolfo. *Belo Monte:* a farsa das audiências públicas, 8 out 2009. Disponível em: <http://www.ecodebate.com.br/2009/10/08/belo-monte-a-farsa-das-audiencias-publicas-artigo-de-rodolfo-salm>. Acesso em: 10 jun. 2015.

SANTOS, Wanderlei Guilherme dos. *Crise e castigo:* partidos e generais na política brasileira. São Paulo: Vértice, 1987.

SANTOS, Boaventura de Sousa. "Participatory Budgeting in Porto Alegre: Toward a Redistributive Democracy." *In: Politics and Society,* n. 4, p. 461-510, 1998.

SANTOS, Boaventura de Sousa. *Renovar a teoria crítica e reinventar a emancipação social.* Tradução: Mouzar Benedito. São Paulo: Boitempo, 2007.

SANTOS, Fabiano; VILAROUCA, Márcio Grijó. "Political institutions and governability from FHC to Lula." *In:* KINGSTONE, Peter R.; POWER, Timothy J. (Org.). *Democratic Brazil revisited.* 1. ed. Pittsburgh: University of Pittsburgh Press, 2008. v. 1, p. 57-80.

SOROKA, Stuart. *Negativity in Democratic Politics*: Causes and Consequences. Cambridge Studies in Public Opinion and Political Psychology. Cambridge: Cambridge University Press, 2014.

SOUZA, Maria do Carmo Campello. *Estado e partidos políticos no Brasil, 1930-1964*. São Paulo: Alfa-Ômega, 1976.

SOUZA, Clóvis Henrique Leite de; PIRES, Roberto Rocha Coelho. "Conferências nacionais como interfaces socioestatais: seus usos e papéis na perspectiva de gestores federais." *In*: AVRITZER, Leonardo; SOUZA, Clóvis Henrique Leite de (Org.). *Conferências nacionais*: atores, dinâmicas participativas e efetividades. Brasília: Ipea, 2013.

SOUZA, Maria do Carmo Campello. Estado e partidos políticos no Brasil, 1930-1964. São Paulo: Alfa-Ômega, 1976.

STARLING, Heloisa Maria Murgel. "A corrupção na ditadura militar" *In*: AVRITZER, Leonardo *et al*. *Corrupção*: ensaio e críticas. Belo Horizonte: Editora UFMG, 2008.

SUNDFIELD, Carlos Ari *et al*. *Controle de constitucionalidade e Judicialização:* o STF frente aos outros poderes. Belo Horizonte, Observatório da Justiça, UFMG, 2011.

TATAGIBA, Luciana. "A institucionalização da participação: os conselhos municipais de políticas públicas na cidade de São Paulo." *In*: AVRITZER, Leonardo (Org.). *A participação em São Paulo*. São Paulo: Editora Unesp, 2004. p. 323-370.

UOL. MPL anuncia que não irá convocar novas manifestações. Disponível em: <http://noticias.uol.com.br/cotidiano/ultimas-noticias/2013/06/21/mpl-anuncia-que-nao-vai-convocar-novas-manifestacoes-no-momento.htm>.

VAZ, Alexander Cambraia N. Capacidades estatais para o desenvolvimento: entre a burocratização e a política como elementos de ação do Estado. Tese (Doutorado em Ciência Política) – Programa de Pós-graduação de Ciência Política, Faculdade de Filosofia e Ciências Humanas, Universidade Federal de Minas Gerais, Belo Horizonte: 2014.

WEBER, Max. *Ensaios de sociologia*. Rio de Janeiro: Zahar, 1946.

WHITAKER, Francisco *et al*. *Cidadão constituinte*: a saga das emendas populares. Rio de Janeiro: Paz e Terra, 1994.

WIKIPÉDIA, a Enciclopédia Livre. *Os protestos do Brasil em 2013*. Disponível em: <http://pt.wikipedia.org/wiki/Protestos_no_Brasil_em_2013>. Acesso em: 10 jun. 2015.

Sobre o autor

Leonardo Avritzer é professor de ciência política da Universidade Federal de Minas Gerais (UFMG) e pós-doutor pelo Massachussets Institute of Technology (MIT – Estados Unidos). Atuou como representante de área da Coordenação de Aperfeiçoamento de Pessoal de Nível Superior (CAPES); professor visitante da Universidade de São Paulo (USP), da Tulane University (Estados Unidos) e da Universidade de Coimbra (Portugal). Foi diretor da Associação Nacional de Pós--Graduação e Pesquisa em Ciências Sociais (ANPOCS), presidente da Associação Brasileira de Ciência Política (ABCP) e membro do Conselho Consultivo da International Political Science Association (IPSA). É autor de diversos livros na área de teoria democrática dos quais se destacam: *Democracy and the public space in Latin America* (2002); *A moralidade da democracia* (1996) – prêmio melhor livro do ano pela ANPOCS; *Participatory Institutions in Democratic Brazil* (2009); *Los Desafios de la participación en América Latina* (2014). Pela Civilização Brasileira, publicou *Dimensões políticas da justiça* (2013).

*O texto deste livro foi composto em Sabon,
desenho tipográfico de Jan Tschichold de 1964
baseado nos estudos de Claude Garamond e
Jacques Sabon no século XVI, em corpo 11/15.
Para títulos e destaques, foi utilizada a tipografia
Frutiger, desenhada por Adrian Frutiger em 1975.*

*A impressão se deu sobre papel off-set
pelo Sistema Cameron da Divisão Gráfica
da Distribuidora Record.*